Cuaderno de ejercicios prácticos de *Redacción sin dolor*

SANDRO COHEN

Cuaderno de ejercicios prácticos de *Redacción sin dolor*

Planeta

Diseño de portada: Planeta Arte & Diseño / Christophe Prehu
Diseño de interiores: Contramarea / Mariana Castro
Formación de interiores: Elizabeth Estrada Morga
Fotografía del autor: © Josefina Estrada

Bajo el sello editorial PLANETA M.R.
Avenida Presidente Masarik núm. 111,
Piso 2, Polanco V Sección, Miguel Hidalgo
C.P. 11560, Ciudad de México
www.planetadelibros.com.mx

Primera edición en esta presentación en formato epub: enero de 2023
ISBN: 978-607-07-9628-9

Quinta edición impresa en México: enero de 2023
ISBN: 978-607-07-9626-5

Impreso en los talleres de Litográfica Ingramex, S.A. de C.V.
Centeno núm. 162-1, colonia Granjas Esmeralda, Ciudad de México
Impreso y hecho en México - *Printed and made in Mexico*

Primera parte

Estructura de la oración

Capítulo 1

Sujeto y predicado

La oración consiste en «la unidad más pequeña de sentido completo en sí mismo en que se divide el habla real». Esto significa que las oraciones expresan una idea completa. Si un grupo de palabras *no* expresa una idea completa, seguramente se trata de una simple frase.

EJEMPLOS DE FRASES (IDEAS NO COMPLETAS):

- el otro día
- con mi novia
- el hermano del cura
- el de la izquierda
- a su mejor amigo

La oración, por otra parte, suele constar de dos elementos clave: sujeto y predicado. El sujeto es «aquello (persona, animal, cosa, concepto abstracto) que *realiza* la acción del verbo». Se trata casi siempre de **un sustantivo, de una frase sustantivada o de una oración sustantiva que rige al verbo principal de la oración**, el cual también se llama *núcleo de predicado*. En otras palabras, si el sujeto es singular, también lo será el verbo. Si el sujeto es de la primera persona (*yo* o *nosotros*), también lo será el verbo (*sé* o *sabemos*, por ejemplo); si fuera de la segunda (*tú*, *vos*, *vosotros o vosotras*), el verbo se comportaría de acuerdo con esta circunstancia (*sabes*, *sabés* o *sabéis*). Lo mismo ocurre con la tercera persona (*él*, *ella*, *ellos* o *ellas*): *sabe* o *saben*, según el caso. Por eso resulta importante saber localizar el núcleo de predicado: si podemos determinar qué sustantivo —frase sustantivada u oración sustantiva— lo rige, habremos localizado el sujeto.

También conviene recordar que el sujeto puede ser tácito. Para decirlo de otro modo, puede estar presente aunque invisible, como en los siguientes casos:

No *llegaremos* [nosotros, nosotras] a tiempo.
Me *escribió* [mi hermano, usted, ella] ayer.
¿Cuándo *llegaste* [tú]?
No *tocó* [usted, él, ella, el maestro] mi pieza favorita.
Simpatizamos [nosotros, nosotras] desde el principio.
Me *sacaron* [mis hermanas, ellos, ustedes] al balcón.
Trajisteis [vosotros, vosotras] la buena suerte.
Me *marcharé* [yo] cuando salga el sol.
No me *importa* [él, ella, usted, eso].

En los ejemplos anteriores, los verbos en letra *cursiva* son los núcleos de predicado (o *verbos principales*). Las palabras en corchetes [como estas tres] podrían ser los sujetos tácitos.

Ejercicio 1

Determine si los siguientes grupos de palabras son oraciones, con sujeto y predicado, o si se trata de simples frases. Para que el ejercicio no resulte demasiado obvio, no se ha puesto punto final después de las oraciones:

1. Con esa sonrisa ______
2. Me trajo flores ______
3. La computadora no sirve ______
4. Tu espléndido aparato ______
5. Una mueca de placer ______
6. El momento menos pensado ______
7. Elena me invitó al baile ______
8. Me rompieron la regla en la cabeza ______
9. Llegaste ______
10. Al fondo y a la derecha ______

para no olvidarlo Las *frases* carecen de verbo conjugado. Las *oraciones* sí requieren verbo conjugado, además de un sujeto que lo rija. Este sujeto puede ser *explícito* o *tácito*, y puede constar de una o más palabras. Todo lo que no es sujeto es *predicado*.

Ejercicio 2

Subraye el sujeto con una línea sencilla. Subraye el predicado con una línea doble. Recuerde que el predicado puede estar dividido en dos partes. Si el sujeto es tácito, indíquelo con una «T» después de cada oración.

1. Los soldados se arrastraron por los lodos de la selva.
2. Entró en la sala con ganas de molestar a todos.
3. Sin prejuicios, Josué decidió darle una oportunidad.
4. Todavía resiste la cultura indígena a pesar de 500 años de menosprecio de parte de la mentalidad europea.
5. Habla del amor y otros demonios.
6. ¿Llegaste bien?
7. La brisa con olor a eucalipto me recordó la infancia.
8. Se acercaron los perros de manera peligrosa.
9. No tuve tiempo de reaccionar antes de sentir sus labios en los míos.
10. A pesar de todo, seguimos adelante.

Ejercicio 3

Escriba el núcleo de predicado de cada oración anterior.

1.	____________	2.	____________
3.	____________	4.	____________
5.	____________	6.	____________
7.	____________	8.	____________
9.	____________	10.	____________

Oraciones simples y compuestas

Resulta importante no perder de vista que existen oraciones *simples* y oraciones *compuestas*. En la oración simple no existen coordinaciones ni subordinaciones, las cuales sí se dan en las oraciones compuestas. Toda oración posee un verbo conjugado, que es su núcleo. Veamos la siguiente, por ejemplo, la cual es una oración simple:

Nadie *quiso* el dinero.

El núcleo del predicado —el verbo principal— es *quiso*. Si a esta oración se agregara otra, con otro verbo conjugado, tendríamos dos oraciones; estas podrían tener una relación de coordinación o subordinación:

Nadie *quiso* el dinero que *maldijo* el profeta.
Nadie *quiso* el dinero y lo *dejaron* en el coche.

El primer caso es de *subordinación*, porque las palabras «que maldijo el profeta» constituyen una oración que se *subordina* a «Nadie quiso el dinero»; es decir, la segunda oración *depende* de la primera porque sin ella no se entendería. En el segundo caso se ve que hay *coordinación*, la cual puede darse mediante alguna conjunción, que es «y» en esta proposición. Las coordinaciones también pueden hacerse mediante la puntuación (véase la segunda parte de *Redacción sin dolor*).

Es importante poder distinguir entre las oraciones simples y las compuestas, pues de no hacerlo, uno podría pensar que el núcleo del predicado de la oración subordinada o coordinada es el que rige a toda la proposición. Un error de esta naturaleza hará que identifiquemos el sujeto erróneamente. Cada oración —no importa que sea independiente, coordinada o subordinada— tiene su núcleo de predicado, pero en el caso de las proposiciones que contienen una oración subordinada, el principal de la proposición —como un todo global— será el núcleo de predicado de la oración independiente, la cual también se llama *subordinante*.

para no olvidarlo Una *proposición* puede constar de una o más oraciones. Cada oración tiene sujeto y predicado. En una proposición, que es una *oración compuesta*, puede existir entre las oraciones una relación de *coordinación o subordinación.*

Ejercicio 4

Determine si las siguientes proposiciones son oraciones simples o compuestas:

1. Las grabadoras de cinta fueron un gran invento.
2. No me gusta su actitud porque no le conviene al equipo.
3. Los gemidos procedentes de la otra habitación llegaban cada vez más dolorosamente.
4. Me pidió más dinero cuando le dije que me había sacado la lotería.

5. Olivia y Pablo se atrevieron a casarse, pero jamás esperaron tanta felicidad.
6. Cuando ya no pudimos aguantar, nos atrevimos a divorciarnos.
7. La política es un pasatiempo ingrato.
8. Tú te abstuviste aun cuando te dije que participaras.
9. ¿Le avisé que debía llegar temprano?
10. Mis papás me regalaron exactamente lo que yo quería.

1.	________________	2.	________________
3.	________________	4.	________________
5.	________________	6.	________________
7.	________________	8.	________________
9.	________________	10.	________________

Oraciones copulativas

Es muy común encontrar este tipo de oraciones, aun cuando nunca hayamos pensado en ellas. Se llaman *copulativas* porque su verbo (también de nombre *copulativo*) une el sujeto con su atributo:

Esas niñas *son* listas.

En el ejemplo anterior, *listas* es el atributo de *esas niñas*: niñas listas. Pero no solo los adjetivos pueden ser atributos de los verbos copulativos. ¡También pueden serlo los sustantivos, las frases preposicionales (que empiezan con preposición) y los adverbios!

Mi hermana *es* la mamá de Lucca. (sustantivo)
Los maestros *están* en pie de lucha. (frase preposicional)
Su desempeño me *parece* regular. (adverbio)

Los verbos copulativos por excelencia son *ser*, *estar* y *parecer*, que vemos arriba. *Resultar*, *quedar* y *dormir* a veces funcionan también copulativamente —como se muestra en los siguientes ejemplos—, además de algunos otros:

Eso *resulta* imperdonable.
Martina *quedó* sorprendida.
Casi todos los bebés *duermen* tranquilos, menos el mío.

Cuando el atributo de la oración copulativa es sustantivo (también llamado *nominal*), uno puede elegir qué elemento es el sujeto, y cuál el atributo. Retomemos uno de los ejemplos:

Mi hermana *es* la mamá de Lucca.

Tanto «mi hermana» como «la mamá de Lucca» son la misma persona; son equivalentes, vaya. Y, gramaticalmente, ambas frases tienen valor sustantivo. «Mi hermana» puede ser sinónimo de «Celia», y «la mamá de Lucca» puede serlo de «madre». Por eso podemos decidir si analizamos «Mi hermana» como sujeto (en cuyo caso, «la mamá de Lucca» sería el atributo) o si el sujeto es «la mamá de Lucca» (y si fuera así, «Mi hermana» sería el atributo). Esto no puede hacerse cuando el atributo es adjetival, preposicional o adverbial. En esos casos, el sujeto siempre será el elemento sustantivo.

Ejercicio 5

En las proposiciones del ejercicio 4, indique cuáles son los núcleos de predicado de cada oración. En caso de haber subordinadas, subraye únicamente el verbo de la oración principal. Enseguida, señale cuál es el sujeto de cada oración principal. Escriba ambos (núcleos de predicado y sujetos de las oraciones principales) en las líneas que les corresponde abajo. Si hubiera oraciones copulativas independientes con atributo nominal (o sustantivo), escoja usted el sujeto.

Núcleos de predicado:

1. ____________ 2. ____________
3. ____________ 4. ____________
5. ____________ 6. ____________
7. ____________ 8. ____________
9. ____________ 10. ____________

Sujetos:

1. ____________ 2. ____________
3. ____________ 4. ____________
5. ____________ 6. ____________
7. ____________ 8. ____________
9. ____________ 10. ____________

Ejercicio 6

Subraye el sujeto de la oración independiente dentro de las siguientes proposiciones, las cuales incluyen oraciones subordinadas (no tome en cuenta el sujeto de la oración subordinada). Marque con una «T» las oraciones independientes con sujetos tácitos y sugiera cuál podría ser [yo, tú, él, ella, nosotros, nosotras, ustedes, ellos, ellas...].

1. Las enciclopedias cobraron popularidad en el siglo XIX cuando la Revolución Industrial ya se había iniciado.
2. Cuando me viste por primera vez, me cohibí terriblemente.
3. A pesar de que puedas quejarte, Ernesto y yo seguiremos en esta casa.
4. No debiste amenazarme, sobre todo porque tú conoces a esa gente.
5. Transcurrieron tres años antes que descubrieras la verdad.
6. El policía acababa de entrar cuando escuchamos el disparo.
7. Los pasteles de queso con frambuesa dulce me encantan, a pesar de lo que dice mi esposa.
8. Cuando me quieras, bailaremos tango.
9. La televisión comercial que se transmite en la mayor parte del mundo es una amenaza para la salud mental.
10. Me gustas cuando callas porque estás como ausente.

Ejercicio 7

Redacte un párrafo de por lo menos diez proposiciones en que se describa cómo se conocieron dos personas. No olvide evocar el lugar donde transcurrió la acción: hable de qué sucedía, qué se escuchaba, a qué olía o lo que en esos momentos pensaban los personajes de esta breve redacción. Después, localice el núcleo de predicado de las oraciones simples y coordinadas, y el sujeto de la oración principal de cada proposición si contuviera oraciones subordinadas.

EJERCICIO AVANZADO: localice el sujeto de cada oración, sea coordinada, independiente o subordinada, tras localizar el núcleo de cada predicado.

Redacción del ejercicio 7:

Capítulo 2

El sujeto y sus complementos

Hay sujetos simples y sujetos complejos. Los primeros pueden constar de una o más palabras, y pueden ser singulares o plurales, según su sentido.

EJEMPLOS DE SUJETOS SIMPLES DE UNA SOLA PALABRA

- Los primeros dos piden que el núcleo del predicado sea singular, mientras que el tercero pide que se conjugue en plural:

Eduviges	Eduviges *vivía* en Comala.
Abelardo	Abelardo *tenía* una amante.
Ustedes	*Ganaron* el partido ustedes.

Los sujetos simples también pueden constar de frases sustantivas o de frases sustantivadas (formadas con *lo* + adjetivo); es decir, de más de una palabra. Veamos estos ejemplos:

El maestro de literatura
La iniciación sexual de cualquier adolescente
Lo intuitivo
La filosofía griega
El problema de la censura en los medios
Lo difícil de los hombres
Los jóvenes intrépidos del mambo
Los borrachos del puente

Los primeros seis ejemplos requieren que el núcleo del predicado sea singular; los últimos dos, que se conjugue en plural. Cuando el sujeto consta de una sola palabra, el núcleo es esa misma palabra. Cuando consta de más de una palabra, el núcleo es el sustantivo (o, en su caso, el pronombre que esté en su lugar); si hay más de un sustantivo, como en «El maestro de literatura», el núcleo es el sustantivo principal, el que no depende de la preposición; *maestro*, en este caso. Todos estos son sujetos simples.

Los sujetos complejos, por otra parte, casi siempre piden que el núcleo del predicado se conjugue en plural. Constan de más de una persona, concepto, cosa o conjunto de conceptos, yuxtapuestos por medio de una coma o unidos por alguna conjunción. Los siguientes ejemplos ilustran cómo se conforman los sujetos complejos:

Eduviges y el maestro de literatura
La belleza, la filosofía griega
Tú y los borrachos del puente
La tradición, la iniciación sexual
Lo difícil de los hombres y el problema de la censura en los medios.

El núcleo de estos sujetos complejos —y de los sujetos complejos en general— constará de más de una palabra. En los cinco ejemplos anteriores, los núcleos son los siguientes: *Eduviges/maestro*; *belleza/filosofía*; *Tú/borrachos*; *tradición/iniciación*; *lo difícil/problema*. El caso de «*Lo difícil de los hombres*» es especial porque el núcleo consiste en una *frase sustantivada*, **lo difícil**, la cual es el equivalente de un sustantivo (la *dificultad*). **De hecho, cualquier adjetivo precedido de la palabra *lo* se convierte en una frase sustantivada:** *lo hermoso*, *lo peor*, *lo importante*, *lo cansado*, etcétera.

para no olvidarlo El *núcleo* del sujeto simple siempre será un sustantivo o frase sustantivada. Los sujetos complejos tendrán un núcleo que constará de dos o más sustantivos o frases sustantivadas unidos por una conjunción o yuxtapuestos mediante una coma.

Ejercicio 1

Identifique el sujeto de las siguientes oraciones. Indique, además, si se trata de un sujeto simple o complejo:

1. La secretaria llegó con quince minutos de atraso.

2. Mi coche se descompuso en la carretera.
3. Los cantantes de radio y televisión me decepcionan.
4. El gobernador, los diputados y los senadores se reunieron el sábado pasado.
5. ¿Por qué tengo yo que pagar tus platos rotos?
6. Propercio tomó decisiones difíciles para todos.
7. La memoria USB y la impresora están en el estudio.
8. Llegaron hasta mi coche siete niños de la calle a pedir limosna.
9. El arroz con pollo sabe maravillosamente.
10. Los servicios de mensajería han desplazado al correo tradicional.

Ejercicio 2

Identifique el núcleo de cada uno de estos sujetos, los cuales pueden ser simples o complejos:

1. Los papeles desparramados por todo mi escritorio ______
2. Las correcciones más indispensables ______
3. Los virus computacionales ______
4. Comer y beber ______
5. Los datos de este archivo y la información de aquel ______
6. El arroz con leche ______
7. Eloy ______
8. Lo malo y lo peor ______
9. Ustedes y los padres de familia ______
10. La queja de tus alumnos ______

Ejercicio 3

Escriba cinco sujetos simples y cinco sujetos complejos. Identifique el núcleo de cada sujeto.

Simples:

1. ______________________ Núcleo: ________
2. ______________________ Núcleo: ________
3. ______________________ Núcleo: ________
4. ______________________ Núcleo: ________
5. ______________________ Núcleo: ________

Complejos:

1. ______________________ Núcleo: ________
2. ______________________ Núcleo: ________
3. ______________________ Núcleo: ________
4. ______________________ Núcleo: ________
5. ______________________ Núcleo: ________

Como se vio en el capítulo anterior, existen sujetos *tácitos*. No se escriben; están implícitos. El lector deduce de qué sujeto se trata, ya sea por la conjugación del núcleo del predicado o por algún antecedente. En la mayoría de los casos, el sentido común dicta cuál es el sujeto tácito, aunque frecuentemente surgen confusiones. El redactor debe tener esto en mente cuando emplea oraciones con sujeto tácito. Hay que preguntarse siempre en estos casos: «¿Existe alguna posibilidad de confusión?».

Ejercicio 4

Lea cuidadosamente el siguiente párrafo. Cada oración viene enumerada. Escriba el sujeto de cada oración. Para las oraciones con sujeto tácito, anote lo que sería ese sujeto si se hubiera escrito.

EJEMPLOS: (1) Renunció Ismael a su trabajo. (2) Llegó a detestar a su jefe. (3) Nunca entendí por qué.
RESPUESTAS: (1) Ismael (2) tácito (Ismael) (3) tácito (yo)

(1) El año pasado la gente se sacrificó mucho. (2) Dejó de comprar hasta lo más indispensable. (3) A muchas familias el dinero no les alcanza siquiera para comprar leche, frijoles y tortillas, (4) y mucho menos tienen para huevo, carne y otras exquisiteces como queso. (5) Por esto, el país está en una situación delicada. (6) ¿Qué podemos esperar de una generación desnutrida? (7) Si no recibe alimentos suficientes, (8) tampoco podrá salir adelante académicamente. (9) Ningún niño aprende con el estómago vacío. (10) Esto lo afirmo a pesar de su obviedad.

1. ______________________ 2. ______________________
3. ______________________ 4. ______________________
5. ______________________ 6. ______________________
7. ______________________ 8. ______________________
9. ______________________ 10. ______________________

Los sujetos de más de una palabra constan de un núcleo y modificadores; estos pueden ser *directos* o *indirectos*. El modificador directo se une al núcleo del sujeto sin que intervenga ninguna otra palabra como *de*, *con*, *para*, *sobre* o *sin*, todas ellas **preposiciones**. Al modificador indirecto se le llama también *término*, y siempre será un sustantivo. A estos modificadores indirectos, junto con la preposición que los une al núcleo del sujeto, se los conoce también como *complementos adnominales*. Tanto los sujetos simples como los complejos pueden tener modificadores directos e indirectos. En otras palabras: cuando hay modificador indirecto, el complemento adnominal empieza a partir de la preposición.

para no olvidarlo Cualquier sujeto puede consistir en un *núcleo* y uno o más *modificadores*. Estos modificadores pueden ser *directos* o *indirectos* (estos últimos forman, junto con la preposición que los antecede, *complementos adnominales*). Los directos **no** requieren preposiciones.

Ejercicio 5

Determine cuáles son los modificadores directos del núcleo de los siguientes sujetos, y cuáles son los indirectos.

1. la leche búlgara ______
2. los problemas de hoy ______
3. tres tristes tigres ______
4. el sillón del [de + el] jefe ______
5. las fresas con azúcar ______
6. la ruta al [a + el] paraíso ______
7. la vida sin ti ______
8. una magnífica película ______
9. lo maravilloso de mi terapia ______
10. los conciertos de Bartók ______

Ejercicio 6

Escriba los términos de cada complemento adnominal del ejercicio anterior. Después anote entre paréntesis la preposición que la une al núcleo del sujeto. Si no hay modificador indirecto, indíquelo.

1. ______________________ 2. ______________________
3. ______________________ 4. ______________________
5. ______________________ 6. ______________________
7. ______________________ 8. ______________________
9. ______________________ 10. ______________________

Ejercicio 7

Redacte sujetos para los siguientes predicados. Que los primeros cinco sean sujetos simples, y que los últimos cinco sean complejos.

1. ______________________ aceptó salir conmigo.
2. ______________________ burlaron la vigilancia.
3. ______________________ come tres veces al día.
4. ______________________ pintó 30 cuadros ayer.
5. ______________________ me gustas enormemente.
6. ______________________ no están listas.
7. ______________________ son hermanas de la caridad.
8. ______________________ se venden al mejor postor.
9. ______________________ son los Siglos de Oro.
10. ______________________ escribieron las mejores obras.

Ejercicio 8

Lea con detenimiento el siguiente párrafo. Faltan todos los sujetos. Escriba los que más le parezcan:

EL ÚLTIMO RECURSO

__________ son una medida extrema. Con frecuencia recurren a ellas y__________ porque solo así pueden hacer que se escuchen sus demandas. Por desgracia, cuando la huelga de hambre se vuelve una práctica cotidiana, __________ la toma en cuenta. Si los huelguistas no ingieren líquidos, no pueden durar con vida mucho tiempo. Por esto, ________________ casi siempre aceptan que se les administre suero intravenoso. __________ __________ son lamentables, pero en tiempos de profunda crisis, ______ ____________ se convierten en una herramienta poderosa para quienes carecen de poder.

Capítulo 3

El predicado y sus complementos

El predicado abarca todo aquello no comprendido por el sujeto. Incluye, por fuerza, un núcleo. También puede llevar una serie de complementos: directos, indirectos, circunstanciales y preposicionales. El núcleo del predicado siempre será un verbo conjugado, regido por el sujeto. Su conjugación responde en número a este sujeto (singular o plural). También revela la *persona*, el *tiempo* y el *modo* de su acción (1ª, 2ª o 3ª personas; pasado, presente, futuro; indicativo, subjuntivo, imperativo). Los verbos conjugados contrastan con los *verboides (formas impersonales del verbo)*, los cuales no revelan esta información. Los verboides pueden ser infinitivos, gerundios o participios. Es importante no confundirlos con verbos conjugados.

Ejercicio 1

Identifique en la siguiente lista los verbos conjugados, los infinitivos, los gerundios y los participios, sean estos últimos activos o pasivos:

1. tocó
2. escuchaste
3. corriendo
4. dice
5. gustamos
6. conversar
7. doliente
8. protesto
9. viajaste
10. hecho
11. escrito
12. confundimos
13. pasante
14. comunicando
15. machacar

Ejercicio 2

Emplee cada una de las palabras anteriores en una oración. En el caso de los verboides, tendrá que inventar un núcleo de predicado:

1. ______________________________
2. ______________________________
3. ______________________________
4. ______________________________
5. ______________________________
6. ______________________________
7. ______________________________
8. ______________________________
9. ______________________________
10. ______________________________
11. ______________________________
12. ______________________________
13. ______________________________
14. ______________________________
15. ______________________________

Ejercicio 3

Localice el núcleo de predicado de las siguientes oraciones:

1. Los empresarios exigieron obediencia ciega.
2. El artículo hizo hincapié en las debilidades del mandatario.
3. Han surgido varios fenómenos novedosos.
4. El comunicado informó acerca de actividades subversivas.
5. El volcán entrará en erupción.
6. Un miembro del ejército enloqueció ayer.
7. Obtuvieron los datos de manera ilegal.
8. El entrenador se quedó sin jugadores.
9. La gente se muere por entrar en ese panteón.
10. Los verboides son impersonales.
11. Toda oración posee un núcleo de predicado.
12. Muchos se burlan de la redacción periodística hoy en día.

Ejercicio 4

En una proposición puede haber una o más oraciones. Una proposición con más de una oración se llama oración compuesta. *Las siguientes proposiciones son de esta índole. Cada oración contiene un predicado con su respectivo núcleo. Identifique los núcleos; serán por lo menos dos en cada caso:*

1. Me avisaron ayer que el presidente no quiere hacer declaraciones.
2. Es evidente que ya no me amas.
3. Le urge que le des tu novela antes que se muera.
4. Está pendiente una obra que compuso el año pasado.
5. Fundó aquel grupo musical en 1973, el cual no prosperó.
6. Si lo afirma él, es probable que no sea verdad.
7. Lo queremos porque nunca pretende imponer su voluntad.
8. Cuando empezaron a cantar, la gente ya se había retirado.
9. No entiendo lo que quieres decir, pero creo que tienes razón.
10. Si tú piensas que este curso es aburrido, aún no has visto nada.

De los cuatro grupos de complementos que puede haber dentro de cualquier predicado, el primero que veremos en estos ejercicios es el *complemento directo*. En este complemento recae *directamente* la acción del núcleo del predicado.

Ejercicio 5

Identifique los complementos directos en las siguientes oraciones:

1. Mi hermano descompuso el estéreo.

   ____

2. Perdí mi inocencia hace muchos años.

   ____

3. Juan cambió el aceite de su coche.

   ____

4. El día de ayer pidieron sorpresivamente una cooperación de mil dólares.

   ____

5. Te encargo ese asunto delicado.

   ____

6. La máquina está manchando las hojas.

   ____

7. Ese corredor rompió todas las marcas olímpicas.
____
8. Los políticos no siempre dicen la verdad.
____
9. Todas las mañanas prepara café.
____
10. A veces olvido detalles tan pequeños.
____

Ejercicio 6

Todo complemento directo en tercera persona puede ser sustituido por alguno de estos pronombres: lo, la, los, las (los pronombres deben concordar en número y género con el complemento directo al que sustituyen). Si no puede hacerse esta sustitución, no se trata de un complemento directo.

Reelabore las oraciones del ejercicio anterior con pronombres de complemento directo en lugar de los complementos directos originales:

1. ______________________________
2. ______________________________
3. ______________________________
4. ______________________________
5. ______________________________
6. ______________________________
7. ______________________________
8. ______________________________
9. ______________________________
10. ______________________________

Ejercicio 7

Las siguientes oraciones contienen pronombres de complemento directo, los cuales aparecen en letra cursiva. Imagine qué podrían representar, elimine los pronombres y reelabore las oraciones con los complementos que usted propone.

EJEMPLO: Me *la* cantó. RESPUESTA: Me cantó **la canción**.

1. *La* perdió.
2. *Los* encontró detrás del edificio.

3. *La* ensayaron durante tres semanas.
4. ¿No sabes dónde esconder*los*?
5. Fue encubriéndo*los* cuidadosamente.
6. ¡Te cuidas de mencionar*lo* en mi presencia!
7. Me *la* enjaretó sin avisar.
8. ¿Cuándo *las* borraste?
9. Debiste habérme*los* prestado.
10. Me *lo* vendió el verano pasado en Viena.

1. ______________________________
2. ______________________________
3. ______________________________
4. ______________________________
5. ______________________________
6. ______________________________
7. ______________________________
8. ______________________________
9. ______________________________
10. ______________________________

Estructura de la oración en voz pasiva

Podemos pasar una oración de voz activa a voz pasiva solo si la oración en voz activa contiene un complemento directo. Por eso, para comprobar que tal o cual complemento es, en efecto, directo (ni indirecto ni circunstancial ni preposicional, ni mucho menos un sujeto), debemos intentar pasarla a voz pasiva.

Oración en voz activa:

- El magistrado (sujeto) revisará el expediente (complemento directo) antes del jueves próximo.

Oración en voz pasiva:

- El expediente (sujeto pasivo (o paciente)) será revisado por el magistrado (agente) antes del jueves próximo.

Como puede verse, lo que antes era el sujeto de la oración en voz activa, pasa a ser el *agente* de la oración en voz pasiva. Lo que era el complemento directo se convierte, a su vez, en *sujeto pasivo* (o *paciente*). Las oraciones en voz pasiva siempre se forman con alguna conjugación del verbo *ser*. El tiempo verbal de *ser* será el mismo que el del verbo original, mientras que este (el verbo principal) se convertirá en participio pasivo y habrá de concertar en número y género con el sujeto pasivo; en este caso se trata del futuro. Después del participio pasivo se emplea la preposición *por*, siempre y cuando se desee incluir el agente, lo cual no es absolutamente necesario: «El expediente será revisado antes del jueves próximo».

Ejercicio 8

Como vimos, si una oración puede expresarse en voz pasiva, contiene un complemento directo. Convierta las siguientes oraciones a voz pasiva si contienen algún complemento directo. Si no lo contienen, indíquelo:

1. Los policías bloquearon las pistas aéreas durante 48 horas.
2. Refuté todo lo que ellos dijeron.
3. Arribaron a esta ciudad en la madrugada.
4. Expertos internacionales calificarán las elecciones.
5. Los tres fingieron demencia.
6. Instalarás retenes fronterizos a la brevedad.
7. Avanzaron cautelosamente hasta toparse con los obstáculos.
8. ¿Bailas conmigo?
9. Ellas criticaron severamente las pérdidas del año pasado.
10. Andas de aquí para allá sin entender nada.

1. ____
2. ____
3. ____
4. ____
5. ____
6. ____
7. ____
8. ____
9. ____
10. ____

Ejercicio 9

A. *Pase a voz activa las siguientes oraciones, que están en voz pasiva.*

1. La promesa será hecha por Úrsula.
2. El fonógrafo fue inventado por Edison.
3. El tratado de paz es firmado por los generales.
4. El cuarteto de Mozart era tocado por músicos húngaros.
5. La llamada fue recibida por Marta.
6. El dinero será gastado por los muchachos.
7. La meta sería alcanzada ayer por Adán.
8. La junta fue integrada por quince concejales.
9. La verdad es dicha por los niños.
10. Esa versión fue desmentida por Amalia.

1. ______________________________
2. ______________________________
3. ______________________________
4. ______________________________
5. ______________________________
6. ______________________________
7. ______________________________
8. ______________________________
9. ______________________________
10. ______________________________

B. *Sustituya los complementos directos de las oraciones anteriores por los pronombres que les correspondan.*

1. ______________________________
2. ______________________________
3. ______________________________
4. ______________________________
5. ______________________________
6. ______________________________
7. ______________________________
8. ______________________________
9. ______________________________
10. ______________________________

Pronombres de complemento indirecto

El segundo complemento que se verá en estos ejercicios es el *indirecto*. El complemento indirecto es el destinatario de la acción ejercida por el núcleo del predicado; indica a quién o a qué se destina esa acción. **En otras palabras, nos dice en beneficio o perjuicio de qué o de quién el sujeto realiza la acción que expresa el verbo.** A diferencia de los pronombres de complemento directo, que en 3ª persona deben concordar en número y género con los complementos directos originales, los pronombres de complemento indirecto (*me [mí], nos, te [ti], os, le, les* y en ciertos casos *se*) solo deben concordar en número; el género es indiferente. El pronombre *se* se emplea tanto para el singular como para el plural. Ejemplos:

> El papa escribe una carta a la niña enferma. / El papa *le* escribe una carta.
> Mauricio compró lápices a sus nietos. / Mauricio *les* compró lápices.

Ejercicio 10

Localice los complementos indirectos de las siguientes oraciones:

1. Enviaron el dinero a sus hijos.
2. Comprarán zapatos a los huérfanos.
3. Dedicó un libro a ti.
4. La señora ha servido la copa al invitado.
5. Al futuro dedicó su sinfonía.
6. No digas esa tontería al maestro.
7. Está entregando su vida a esa maldita computadora.
8. Ahorró por lo menos tres horas a su jefe.
9. Robaron la cena a la embajadora.
10. Dedicarán la canción a la princesa difunta.

Ejercicio 11

Todo complemento indirecto, como se vio en el anterior ejercicio, puede ser sustituido por los pronombres me *(a* mí*),* te *(a* ti, *a* vos*),* nos *(a* nosotros, nosotras*),* os *(a* vosotros, vosotras*)* le *(a* él, *a* ella, *a* usted, *etcétera)* o les *(a ellos, ellas, ustedes, Pedro y Enriqueta); el género es indiferente. Sustituya los complementos indirectos de las oraciones anteriores por los pronombres correctos. Si hay complementos directos, sustituya únicamente los indirectos:*

1. ________________________________
2. ________________________________
3. ________________________________
4. ________________________________
5. ________________________________
6. ________________________________
7. ________________________________
8. ________________________________
9. ________________________________
10. ________________________________

Cuando se juntan pronombres de complementos directos e indirectos

En una oración pueden convivir complementos directos e indirectos. A veces resulta conveniente emplear pronombres en lugar de uno o de ambos. Si se sustituyen ambos complementos, primero se escribe el pronombre del indirecto, el cual va seguido del pronombre del directo. Por ejemplo: *Me la dio*. Si coinciden dos pronombres de tercera persona (o uno de tercera con el formal de la segunda), el del complemento indirecto se convierte en *se*; no importa si es plural o singular. Ejemplo: *Di el dinero a ustedes* o ***Se lo di***. No olvide que la palabra *lo* es pronombre de complemento directo y, en este caso, es singular. No ceda a la tentación de pluralizarlo [*se **los** di*] en virtud de que el complemento indirecto, *ustedes*, es plural. En otras palabras, *se* puede ser singular o plural, según lo sea el complemento indirecto. El pronombre de complemento directo no se altera si está presente el pronombre *se*. Es error común pluralizar indiscriminadamente el pronombre de complemento directo cuando va precedido de *se*, en los casos cuando se representa un complemento indirecto plural.

Ejercicio 12

En las siguientes oraciones encontrará complementos directos e indirectos. Identifíquelos. No importa si en algunos casos la oración suena un poco forzada, como en los números 2, 3, 6 y 7. Estas cuatro oraciones no son modelos de buena redacción: solo se trata de un ejercicio que resulta útil para el análisis gramatical.

1. Vendieron una casa antigua a los recién llegados.
2. ¿A mí alquilarás este departamento celestial?
3. A ti vendieron el cuadro de Monet muy barato.
4. A los turistas no debieron entregar boletos falsificados.
5. Grabaron un programa de cómputo al alumno nuevo.
6. ¿Quitaste el seguro al coche?
7. Reconocerán el esfuerzo a nosotros.
8. A Laura y Teresa leyeron la décima.
9. ¿Quién pasó el manuscrito al maestro?
10. Por fin entregaron el aguinaldo a los trabajadores.

Ejercicio 13

Sustituya únicamente los complementos directos de las oraciones anteriores por pronombres de complemento directo:

1. ____________________
2. ____________________
3. ____________________
4. ____________________
5. ____________________
6. ____________________
7. ____________________
8. ____________________
9. ____________________
10. ____________________

Ejercicio 14

Ahora sustituya únicamente los complementos indirectos por pronombres de complemento indirecto:

1. ____________________
2. ____________________
3. ____________________
4. ____________________
5. ____________________
6. ____________________
7. ____________________

8. ____________________
9. ____________________
10. ____________________

Ejercicio 15

Por último, sustituya los complementos directos e indirectos por los pronombres correctos:

1. ____________________
2. ____________________
3. ____________________
4. ____________________
5. ____________________
6. ____________________
7. ____________________
8. ____________________
9. ____________________
10. ____________________

Ejercicio 16

Escriba un párrafo en que se empleen complementos directos e indirectos. No olvide usar pronombres cuando sea conveniente y cuando suene natural:

Los complementos circunstanciales

A diferencia de los complementos directo e indirecto, los *circunstanciales* —el penúltimo de los cuatro grupos de complementos— no pueden ser sustituidos por ningún pronombre. Se trata de palabras o frases que dan a entender *en qué circunstancias* ocurre la acción del núcleo del predicado. Pueden ser complementos circunstanciales de *agente*, *causa*, *compañía*, *concesión*, *destinatario*, *destino*, *finalidad*, *instrumento*, *lugar*, *materia*, *medio*, *modo*, *origen*, *tiempo*.

Ejercicio 17

Indique de qué clase de complemento circunstancial se trata:

1. de madera ______
2. con mucho gusto ______
3. con un telescopio ______
4. a tres kilómetros ______
5. por escrito ______
6. con el corazón ______
7. simplemente ______
8. el año pasado ______
9. por enfermedad ______
10. para ganar tiempo ______
11. aquí ______
12. por mano propia ______
13. hacia Madrid ______
14. para verte ______
15. al norte ______
16. cerca de aquí ______
17. en México ______
18. con su mamá ______
19. a pesar de todo ______
20. para todo público ______

Ejercicio 18

Escriba oraciones para cada uno de los complementos circunstanciales del ejercicio anterior:

1. ______________________________
2. ______________________________
3. ______________________________
4. ______________________________
5. ______________________________
6. ______________________________
7. ______________________________
8. ______________________________
9. ______________________________
10. ______________________________
11. ______________________________
12. ______________________________
13. ______________________________
14. ______________________________
15. ______________________________
16. ______________________________
17. ______________________________
18. ______________________________
19. ______________________________
20. ______________________________

Ejercicio 19

Enseguida encontrará 10 oraciones que incluyen complementos preposicionales. Algunos funcionan como complementos circunstanciales, y otros son simples complementos preposicionales del verbo. Indique con la abreviatura CC *—sobre las rayas que siguen a las proposiciones— los que funcionan como circunstanciales, y con la abreviatura* CPV *los que fungen como complementos preposicionales del verbo.*

1. No se conforma *con nada*. ______
2. Dile *de inmediato* que no puede irse. ______
3. *Con el viento* iré *a donde me lleve*. ______ ______
4. Le confía sus secretos *a las tres de la madrugada*. ______
5. Confía *en su discreción absoluta*. ______
6. La cabaña está *al lado del río*. ______
7. Sueña *sobre el libro* cuando lo vence el cansancio. ______
8. Cuando lo vence el cansancio, sueña con *escribir un libro*. ______

9. *Con frecuencia* habla *de sus asuntos personales.* ______ ______
10. Se acuerda *de todos sus antiguos compañeros.* ______

Ejercicio 20

Enseguida encontrará palabras agrupadas como sujetos, núcleos de predicado, complementos directos, complementos indirectos, complementos circunstanciales y complementos preposicionales del verbo. Combínelos de la manera que más le guste. No es necesario usarlos todos ni hay una solución única. Puede cambiar los verbos en plural a singular (o al revés) si gusta. Lo más importante es divertirse.

Sujetos:

el desgraciado de tu marido
lo que me dijiste ayer
problemas grandes y pequeños
los desmanes de tu hermanita
los cambios climatológicos anunciados por Greenpeace
la aviación rusa
tú y yo
ahorradores efímeros
el gobernador de aquella provincia lejana
las crisis de la edad avanzada
la batalla por el alma de la juventud
cuestiones éticas poco discutidas en la actualidad
el traslado urgente que solicitaste el año pasado
las opiniones vertidas en mi contra

Núcleos de predicado:

crean
importunó
desequilibra
(me) acordé
manifiesta
confiaremos
azotó
(no) competen
aprobaron
hablaste
cimbra

descalifican
(se) vislumbra
descontrolaron
insulta
(no) tiene mucha importancia

Complementos directos:

una bomba de tiempo
mi buen gusto
la esencia de la televisión actual
la belleza de este perfil
enormes plantíos de sustancias controladas
los besos de tu secretaria
la inteligencia de cualquiera
el fin del mundo
una seria deficiencia cultural
lo que gustes y mandes
el teléfono descompuesto
la silla eléctrica
un abrazo en público

Complementos indirectos:

tú (a ti)
la suegra de Karl Marx
mi orgullo
la civilización occidental
yo (a mí)
la institución del matrimonio
el buen decoro
los políticos de todo el mundo
nosotros
los trabajadores en general
la gente pensante
niños, niñas y otros seres incomparables
la prensa nacional

Complementos circunstanciales:

a pesar de todo lo dicho
con unas ganas tremendas de molestar

limpiamente
sin ningún motivo oculto
rápida y fácilmente
en un abrir y cerrar de ojos
con la frente en alto
a las tres de la mañana
a unos cuantos años luz de la realidad
de fibra de vidrio
desde una perspectiva global
de manera totalmente inexplicable pero divertida

Complementos preposicionales del verbo

de ti
con el consulado
en tu cuñado
de todos ustedes
en sus dotes histriónicas
con sus nietos

1. ____________________
2. ____________________
3. ____________________
4. ____________________
5. ____________________
6. ____________________
7. ____________________
8. ____________________
9. ____________________
10. ____________________

Capítulo 4
Oraciones compuestas

Subcapítulo 4A

Las oraciones compuestas se relacionan entre sí por *coordinación* o *subordinación*. Cuando las oraciones se coordinan, ninguna depende de la otra. De hecho, podrían existir independientemente. Cuando una oración se subordina a otra —a la *subordinante*—, se forma una totalidad expresiva, pero la subordinada no tiene el mismo peso que la subordinante, puesto que depende de esta.

PALABRAS QUE COORDINAN:

y (e)
ni (no... ni / ni... ni)
o (u / o... o)
pero (mas)
sino que (no... sino que)

También pueden usarse el punto y coma (;) y los dos puntos (:) para yuxtaponer (coordinación por yuxtaposición) dos oraciones independientes. Solo puede usarse la coma para yuxtaponer oraciones cuando estas son seriadas: «El perro mordió el hueso, lo levantó entre sus dientes, lo llevó al jardín, cavó un hoyo, lo aventó dentro y le echó la tierra encima con las patas traseras». ¡Cuidado! Si el redactor emplea una coma entre oraciones *no* seriadas, estará encabalgando.

Ejemplos de coordinación. Las oraciones coordinadas se relacionan, como se indicó arriba, mediante alguna conjunción —como *y* (*e*), *ni*, *pero* (*mas*), *o* (*u*), *sino que*— o algún signo de puntuación, como coma *(,)*, punto y coma *(;)* o dos puntos *(:)*. El usar una u otra conjunción, o emplear los signos de puntuación mencionados, depende de lo que desea expresar el redactor. Para ver esto con detalle es preciso acudir a los capítulos 4, 5 y 6 de *Redacción sin dolor*. Mientras tanto, observe estos ejemplos de coordinación, cada uno de los cuales emplea una solución diferente:

1. Quiero ir a la playa este verano, ***pero*** no me alcanza el dinero.
2. Quiero ir a la playa este verano ***y*** acabo de heredar una fortuna.
3. Ni quiero ir a la playa ***ni*** tengo dinero para viajar este verano. (Nótese que solo este segundo *ni* coordina, pues el primero es únicamente un *no* enfático; es decir, «Ni quiero ir a la playa» es igual que «No quiero ir a la playa»).
4. Quiero ir a la playa este verano***;*** todo está en conseguir el dinero.
5. Quiero ir a la playa este verano***:*** uno es joven y la oportunidad llama.
6. Iré a la playa**,** me broncearé al sol**,** pasearé por la costera en las tardes ***e*** iré a bailar a las discotecas por las noches.

Las subordinadas suelen usar la palabra *que*, pero también pueden emplear otras palabras, frases y fórmulas, como *cuyos, los cuales, aunque, a pesar de que, donde, cuando,* etcétera. Hay **tres grandes** clases de oraciones subordinadas, desde subordinadas **sustantivas —que pueden estar en lugar de cualquier sustantivo y, por lo tanto, fungir como sujeto, complemento directo o complemento indirecto—** hasta oraciones subordinadas circunstanciales, pasando por las adjetivas (especificativas y explicativas). Esto se ve detenidamente en el capítulo 4 de *Redacción sin dolor*. Aquí, en este capítulo, encontrará muchos ejercicios que facilitarán el uso y la comprensión de las oraciones compuestas en general.

PALABRAS QUE SUBORDINAN:

que (cual -es; cuyo -a, -os, -as), y todas las combinaciones con *que* salvo *sino que* (porque *sino que* coordina): aunque, porque, ya que, debido a que...
como
cuando
donde
quien (-es)
cuan (-to)
conforme

según
mientras
pues
si
apenas (en su sentido temporal)

Ejemplos de subordinación. Compare las oraciones coordinadas anteriores con estas subordinadas de varios tipos:

1. Quiero ***que*** *vengas a enseñarme tu obra poética.*
2. El profesor anunció ***que*** *nadie iba a pasar el examen.*
3. El chistecito ***que*** *hiciste en clase* no le gustó al director.
4. ***Quien*** *no se porte bien*, no podrá comer salchichas.
5. Juan diseñó un proyecto importante, ***cuyo*** *valor estriba en su absoluta originalidad.*

Ejercicio 1

Determine cuáles de estas oraciones compuestas usan la coordinación, y cuáles, la subordinación. Escriba, asimismo, la palabra o signo de puntuación que esté coordinando o subordinando. Si se trata de una oración simple, anote la palabra simple.

1. Bajó el valor de la moneda, pero los mercados aún se muestran estables.
   ____
2. Necesito que vengas enseguida.
   ____
3. Ordenaron trescientos mil calendarios, los cuales están en la bodega.
   ____
4. Todavía se aplican esos exámenes, aunque nadie estudia como antes.
   ____
5. Llegó el telegrama en el momento menos oportuno, y enfrente de todos los involucrados.
   ____
6. Las señoras insinúan que los muchachos las provocan.
   ____
7. No hay nada más que decir; mi decisión está tomada.
   ____
8. Algunos pintan, otros escriben y todavía otros componen música.
   ____

9. Tú no tienes nada que decirme después del espectáculo de anoche en el auditorio.

____

10. Ni tú me entiendes ni yo te entiendo.

____

para no olvidarlo Las oraciones *coordinadas* son independientes y pueden existir solas. Las *subordinadas*, por otro lado, siempre *dependen* de otra oración *subordinante*, también llamada *independiente* o *principal*. Hay, sin embargo, decenas de maneras de subordinar una oración a otra independiente. Las *coordinadas* se relacionan mediante conjunciones (*y*, *e*, *o*, *u*, *pero*, *ni*, *sino que*) o algún signo de puntuación (;), (:), (,).

Ejercicio 2

A continuación se encuentran oraciones simples. Junte dos cualesquiera para formar oraciones compuestas coordinadas. No importa de qué columna provengan. Puede emplear conjunciones o puntuación para hacerlo.

estaba lloviendo	parecían muy torpes
fuimos al cine	estábamos aburridos
no había nada que hacer	invitaron al autor
el libro es apasionante	ya habíamos visto todo
la bomba no explotó	se amaron locamente

1. ____
2. ____
3. ____
4. ____
5. ____

para no olvidarlo Si el redactor junta en una sola proposición dos oraciones sin que entre ellas exista una relación de coordinación o subordinación, comete el error llamado *encabalgamiento*. Este error entorpece la redacción y la vuelve confusa. El encabalgamiento, de hecho, es uno de los errores más comunes cometidos por escritores inexpertos, y se debe a la tentación de escribir *como se habla*, sin fijarse en las relaciones gramaticales y de sentido que existen entre una oración y otra.

Ejercicio 3

A continuación encontrará una serie de proposiciones que incluyen más de una oración. Escriba la palabra **coordinación** *y ponga entre paréntesis aquello que coordina las oraciones si están correctamente coordinadas, o —en caso de que estén bien subordinadas— anote* **subordinación** *y escriba entre paréntesis el nexo que subordina. Si no existe entre ellas relación de coordinación o subordinación, escriba* **encabalgamiento**. *Recuerde que para coordinar oraciones se emplean las conjunciones mencionadas en la primera página de este capítulo, o los signos de puntuación que también son mencionados ahí. Solo se puede usar coma para coordinar dos o más oraciones cuando se trata de oraciones seriadas o en serie, como se verá en el capítulo 5.*

EJEMPLOS:

- Perdí el teléfono celular cuando me robaron el portafolios. *Subordinación* (usa el nexo *cuando*)
- Fuiste siempre la más simpática, pero no me caíste bien hasta el último año de la universidad. *Coordinación* (usa la conjunción *pero*)
- Cogió sus lápices, me gritó un improperio, pateó la mesa y salió dando un portazo. *Coordinación* (se trata de oraciones seriadas, separadas con coma y la conjunción *y*)
- Marco Aurelio escribe novelas psicológicas, sus libros destacan entre los escritos por los miembros de su generación. *Encabalgamiento* **(las oraciones no están relacionadas entre ellas ni por coordinación ni por subordinación. Tampoco están seriadas, por lo que la coma no es suficiente para coordinar).**

1. El juez anunció que ya no aceptaría más pruebas tan evidentemente falsas.

   ____

2. A pesar de lo que han dicho, nada podrá echar a perder nuestros planes.

   ____

3. El maestro se equivocó en grande, y lo sabe.

   ____

4. Ni tú ni yo ni los demás legisladores podíamos saber lo que pretendía el presidente.

   ____

5. Subieron el precio de la tortilla 40 centavos y los partidos políticos ni chistaron.

____

6. Necesito que me eches una mano.

____

7. ¿Alguien sabe exactamente cuándo entró en vigor la nueva ley?

____

8. Cristina ganó los 100 metros planos, siempre pensé que era una gran atleta.

____

9. Cristina ganó los 100 metros planos; siempre pensé que era una gran atleta.

____

10. India y Paquistán hicieron explotar sendos artefactos nucleares, cuyos resultados están a la vista.

____

Ejercicio 4

Enseguida encontrará 10 oraciones independientes. Subordine cinco de ellas a las otras cinco mediante algún puente o nexo (vea en la página 50 de este Cuaderno de ejercicios... *los nexos que subordinan). Puede cambiar los tiempos y modos verbales de las nuevas oraciones subordinadas, así como agregar palabras, según sea necesario.*

EJEMPLO: contestaste el teléfono — tenía yo muchas ganas
RESPUESTA: *Tenía yo muchas ganas de que contestaras el teléfono*

tú estás de acuerdo	declara su inteligencia superior
me resulta suficiente	tengo una urgencia increíble
escribiste la carta	me dijiste por teléfono ayer
apareció en todos los periódicos	estaba en tu coche
entregaste el paquete	no ve televisión

1. ____
2. ____
3. ____
4. ____
5. ____

Subcapítulo 4B
Subordinación sustantiva

Como se ve en el apartado 4B.2 de *Redacción sin dolor*, cualquier oración subordinada que tenga función de sustantivo (que pueda sustituirse por un sustantivo o por una frase sustantiva), como en los siguientes ejemplos, se llaman *oraciones subordinadas sustantivas*. En letra cursiva aparecen las oraciones subordinadas sustantivas y los sustantivos o frases sustantivas a las que podrían estar sustituyendo.

EJEMPLOS:

1. *Quien me dio la vida* preparó la cena. / *Elisa* preparó la cena.
2. *El hecho de que viniera el compositor al estreno* me importa poco. / *Eso* me importa poco.
3. Ayer vi a *quien me dio la vida*. / Ayer vi a *mi mamá*.
4. No entiendo *el hecho de que viniera el compositor al estreno*. / No entiendo *el suceso*.
5. Darán un premio a *quien me dio la vida*. / Darán un premio a *Marcela Montes*.
6. No doy ningún crédito *al hecho de que viniera el compositor al estreno*. / No doy ningún crédito *a dicho suceso*.
7. Confío en *quien me dio la vida*. / Confío en *la creadora de mis días*.
8. Pienso en *el hecho de que viniera el compositor al estreno*. / Pienso en *ese importante suceso*.

Nótese que en el primer caso las subordinadas «quien me dio la vida» y «El hecho de que viniera el compositor al estreno», así como el sustantivo «Elisa» y el pronombre «eso» **son el sujeto** de los verbos principales («preparó» e «importa»); en el segundo ejemplo son **el complemento directo** (que en el primer caso lleva la antepuesta la preposición *a* porque el CD es persona); en el tercero, **el indirecto**, y en el cuarto están dentro del complemento preposicional del verbo (véase que aparece después de la preposición que introduce el CPV, tal como se estudió en el apartado 3.7 de *Redacción sin dolor* y se verificó en los ejercicios correspondientes en este *Cuaderno...*). Pero incluso podría aparecer dentro de un complemento circunstancial, como en los siguientes ejemplos:

> La niña traviesa está parada frente a *quien me dio la vida*. / La niña traviesa está parada frente a *mi progenitora*. (CC de lugar)
> Me siento orgulloso por *el hecho de que viniera el compositor al estreno*. / Me siento orgulloso por *lo sucedido*. (CC de causa)

Ejercicio 1

Escriba cinco proposiciones que ilustren el uso de oraciones subordinadas sustantivas. La primera será de sujeto; la segunda, de CD; la tercera, de CI. La cuarta estará dentro de un CPV, y la última, dentro del CC.

1. de sujeto ______________________________
2. de CD ______________________________
3. de CI ______________________________
4. dentro del CPV ______________________________
5. dentro del CC ______________________________

Subordinada sustantiva de sujeto

Los sujetos más comunes son sustantivos solos o frases sustantivas, las cuales se construyen alrededor de un sustantivo. Ejemplo de lo primero son los nombres propios, como *Alberto* y *Gabriela*. Frases sustantivas podrían ser estas: *el* ***ratón*** *loco* y *la* ***montaña*** *rusa*. (El sustantivo está en letra negrita). Pero muchas veces hay oraciones subordinadas con valor sustantivo que, en su totalidad, funcionan como sujetos, como vimos líneas arriba y como veremos en este ejemplo:

El hecho de que asistiera el autor a la presentación causó gran impacto.

¿Qué causó gran impacto? Respuesta: *el hecho de que asistiera el autor a la presentación*. En otras palabras, esta oración subordinada sustantiva (escrita en letra cursiva) es lo que realiza la acción del verbo principal: *causó*. Podemos calificar estas oraciones subordinadas como *sustantivas de sujeto* porque *son el sujeto y —por lo tanto— fungen como sustantivo.*

Debemos hacer notar que la construcción *el hecho de que* tiene otras dos variantes muy comunes: *el que* y el simple *que*. Veamos:

El que asistiera el autor a la presentación causó gran impacto.
Que asistiera el autor a la presentación causó gran impacto.
No me agrada *el hecho de que me rechaces con una sonrisa.*
No me agrada *el que me rechaces con una sonrisa.*
No me agrada *que me rechaces con una sonrisa.*

Otra manera de formar oraciones subordinadas sustantivas de sujeto es mediante la palabra *quien* o *quienes*. Por ejemplo:

Quien esté libre de pecado **puede arrojar** la primera piedra.
Quienes no saben escribir **terminan** frustrados.

En ambos casos, las oraciones subordinadas realizan la acción del verbo, escrito en letra negrita. O, para decirlo de otra manera, estas oraciones —todas ellas— realizan la acción del verbo principal.

Sinónimos de *quien* y *quienes* son *el que, la que, los que, las que, aquel que, aquella que, aquellos que, aquellas que,* e incluso *lo que*. Y oraciones subordinadas construidas a partir de estas frases funcionan de manera idéntica a las construidas con *quien* y *quienes*, aunque técnicamente no comparten la misma estructura gramatical, puesto que incluyen un artículo o un pronombre. Para efectos prácticos, sin embargo, podemos decir que estas también son oraciones subordinadas sustantivas de sujeto porque fungen como sujeto:

El que esté libre de pecado **puede arrojar** la primera piedra.
Aquellos que no saben escribir **terminan** frustrados.
Lo que no entiendo me **hará** daño.

Una opción más para formar subordinadas de sujeto es con la palabra *cuanto* cuando es sinónimo de *lo que*, como en estos ejemplos:

Cuanto han dicho de mí es falso. (*Lo que han dicho de mí* es falso)
Todo cuanto tienes llenará las arcas del erario. (*Lo que tienes* llenará las arcas del erario)
Cuanto chismeen de él será usado en su favor. (*Lo que chismeen de él* será usado en su favor)

Las anteriores son las estructuras más comunes para formar oraciones subordinadas sustantivas de sujeto, pero cualquier oración subordinada que realice la acción del verbo principal (es decir, que sea el sujeto de la oración independiente) se llamará *de sujeto* por ser esa su función gramatical.

Ejercicio 2

Escriba cinco proposiciones con sujetos que ilustren el uso de oraciones subordinadas sustantivas de sujeto.

1. ______________________________
2. ______________________________
3. ______________________________
4. ______________________________
5. ______________________________

Oraciones subordinadas sustantivas de complemento directo

Dentro de las subordinaciones sustantivas se encuentran oraciones subordinadas que son *naturalmente* complementos directos porque reciben la acción de verbos transitivos, algunos de los cuales son de pensamiento o enunciativos. Verbos enunciativos son *decir*, *alegar*, *afirmar*, *negar*, *gritar*, *susurrar*, *aseverar*, *escribir* y muchos más que dan a entender que alguien *dice* algo, sea en voz alta o por escrito: se trata de acciones visibles o audibles. Los verbos de pensamiento son muy parecidos, pero su acción es invisible por ser interna: *pensar*, *imaginar*, *creer*, *considerar*, *querer*, *suponer*, *decidir*, *recordar*, *olvidar*, *aprender*, *soñar*, *oír*, *ver*, *sentir*...

Estructuras de las complementarias directas:

1. Sujeto + verbo transitivo + oración subordinada sustantiva
2. Sujeto + verbo transitivo enunciativo o de pensamiento + que + el resto de la oración subordinada
3. Sujeto + verbo transitivo enunciativo o de pensamiento + nexo subordinante + el resto de la oración subordinada

Como se ve, las estructuras son sencillas. En la primera, el sujeto realiza la acción de algún verbo transitivo y enseguida viene la oración subordinada sustantiva de complemento directo.

EJEMPLOS:

- Fernando no compra **lo que le venden.**
  PRUEBA DE VOZ PASIVA: **Lo que le venden** no es comprado por Fernando.
  PRUEBA DE PRONOMBRE: Fernando no **lo** compra.

- Silvia aceptará **cuanto le ofrezcas.**
  PRUEBA DE VOZ PASIVA: Será aceptado por Silvia **cuanto le ofrezcas.**
  PRUEBA DE PRONOMBRE: Silvia **lo** aceptará.

En la segunda pasa lo mismo, pero el verbo transitivo es enunciativo o de pensamiento y le sigue la conjunción *que*, la cual inicia la subordinación. Después vendrá el resto de la oración subordinada sustantiva de complemento directo.

EJEMPLOS:

- Mauricio indicó ***que* sería mejor salir de inmediato.**
  PRUEBA DE VOZ PASIVA: Fue indicado por Mauricio ***que* sería mejor salir de inmediato.**
  PRUEBA DE PRONOMBRE: Mauricio **lo** indicó.

- Creemos ***que* debes terminar lo que empiezas.**
  PRUEBA DE VOZ PASIVA: ***Que* debes terminar lo que empiezas** es creído por nosotros.
  PRUEBA DE PRONOMBRE: **Lo** creemos.

La tercera es una mezcla de las primeras dos. Se trata de proposiciones cuyo verbo principal es enunciativo o de pensamiento, pero no usan necesariamente la conjunción *que* como nexo subordinante. O de aquellas que llevan un verbo transitivo cualquiera —no necesariamente enunciativo o de pensamiento— y la conjunción *que* más el resto de la oración subordinada sustantiva.

EJEMPLOS:

- Marisa no sabía ***si quería salir con el mejor amigo de su novio.***
  PRUEBA DE VOZ PASIVA: No era sabido por Marisa ***si quería salir con el mejor amigo de su novio.***
  PRUEBA DE PRONOMBRE: Marisa no **lo** sabía.

- Jesusa no aprecia a ***quienes se acercaban a ella para entrevistarla.*** (Se usa la *a* personal debido a que el CD es persona en este caso).
  PRUEBA DE VOZ PASIVA: ***Quienes se acercaban a ella para entrevistarla*** no son apreciados por Jesusa.
  PRUEBA DE PRONOMBRE: Jesusa no **los** aprecia.

Ejercicio 3

A continuación encontrará 10 proposiciones que contienen complementos directos simples. Convierta estos en oraciones subordinadas complementarias. Puede usar su creatividad e imaginación. Hay más de una sola posibilidad para cada oración.

EJEMPLO: El presidente dijo **la verdad.**
RESPUESTA: El presidente dijo **que él no robó las galletas.**

1. Mis primos siempre alegan **tonterías.**
2. Los médicos no siempre tienen **conocimientos suficientes.**
3. Los fabricantes anunciaron **la nueva promoción.**
4. El candidato propuso a **otra persona para el cargo.**
5. ¿Quién puede negar **esa obviedad?**
6. Sergio quiere **justicia.**
7. Siempre olvido **todo.**
8. Anoche mi esposa intuyó **el secreto.**
9. Tú no aceptaste **esa opción.**
10. El juez dedujo **la verdadera secuencia de los hechos.**

1. ____
2. ____
3. ____
4. ____
5. ____
6. ____
7. ____
8. ____
9. ____
10. ____

Oraciones subordinadas sustantivas de complemento indirecto

Como sucede con los complementos directos que pueden expresarse como oraciones subordinadas sustantivas complementarias, a veces es también posible plantear un complemento indirecto como oración subordinada, como en estos casos:

El rector entregó los diplomas a **los estudiantes.**
El rector entregó los diplomas a **aquellos que acababan de graduarse.**

La casera pidió las llaves **al inquilino moroso.**
La casera pidió las llaves a **quien no había pagado el alquiler a tiempo.**

Ejercicio 4

En lugar de usar los complementos indirectos simples que vienen en cada una de las siguientes proposiciones, invente oraciones subordinadas de complemento indirecto.

1. Dale las gracias a **tu maestro.**

   ____
2. Niégale la entrada al **traidor.**

   ____
3. No olvides propinarles una golpiza a **los asaltantes.**

   ____

4. A **los interesados**, el juez comunicó los detalles del arresto de Javier.

____

5. Es recomendable inventar muy buenas excusas a**l director.**

____

Oraciones subordinadas sustantivas dentro del complemento preposicional del verbo

Como en los apartados §4B.2.4.2 y §4B.2.4.3 de *Redacción sin dolor* se estudia a fondo cuándo estas oraciones subordinadas modifican sustantivos (que pueden estar en sujeto, el CD, el CI o el CC) o adjetivos, aquí nos iremos directamente a cuando aparecen dentro del complemento preposicional del verbo (CPV), lo cual aparece en el apartado §4B.2.4.1 de *Redacción sin dolor*.

Recordemos que después de cualquier preposición puede ir un elemento sustantivo. Este puede ser una palabra, una frase o una oración subordinada. Asimismo, hay algunos verbos intransitivos y pronominales que requieren preposición para introducir su complemento. A este le llamamos *complemento preposicional del verbo*.

Ejercicio 5

A. *Subraye los complementos preposicionales del verbo de las siguientes proposiciones con línea sencilla. Y subraye los complementos circunstanciales con línea doble.*

1. Dentro de 60 años se acordará de todo.
2. Sansón confió demasiado en su fuerza.
3. Lalo se enfrentaba con sus miedos cada día.
4. Antes de ese domingo, Lucrecia no había incurrido en ningún delito.
5. Cada miércoles voy con zapatillas al cine.

B. *Sustituya los complementos preposicionales del verbo de las proposiciones anteriores por un complemento preposicional del verbo que incluya una oración subordinada sustantiva de sujeto.*

EJEMPLO: Todo el tiempo habla *de* **sí mismo.**
RESPUESTA: Todo el tiempo habla de **que visitó el Uruguay.**

1. ____________________
2. ____________________
3. ____________________
4. ____________________
5. ____________________

Oraciones subordinadas sustantivas dentro del complemento circunstancial

También puede haber oraciones subordinadas sustantivas dentro de los complementos circunstanciales, tal como se vio en el apartado sobre oraciones subordinadas sustantivas en este *Cuaderno...* y como se practicó en el Ejercicio 1 de este subcapítulo B.

Ejercicio 6

A. *Subraye los complementos circunstanciales con línea doble.*

1. ¡No me insultes delante de mis alumnos!
2. Haré lo indicado a pesar de los problemas.
3. Caminamos al lado de los familiares afectados.

B. *Incluya oraciones subordinadas* ***sustantivas*** *en los complementos circunstanciales. Seguramente querrá sustituir algunas palabras; eso está bien. Sin embargo, ¡aguas...! No caiga en la tentación de incluir subordinadas adjetivas —que también podrían ir— porque ahora estamos practicando las sustantivas. Por supuesto, cuando la subordinada sustantiva está después de una preposición toda la frase podrá tener valor adjetivo (como vimos en el capítulo 2), pero más adelante trabajaremos con las subordinadas adjetivas* ***por naturaleza*** *(no por ir antecedidas de preposición).*

1. ____________________
2. ____________________
3. ____________________

Subcapítulo 4C
Oraciones subordinadas adjetivas

La función de los adjetivos es la de *modificar* sustantivos. Cuando el adjetivo es calificativo, este *determina* alguna de sus cualidades. Así, se puede hablar de un examen **difícil** o de una pareja **divina**. También pueden formarse oraciones subordinadas que cumplan esta función, solo que mediante ellas la información que se transmite puede ser mucho mayor y más detallada. Estas oraciones subordinadas adjetivas pueden clasificarse de dos maneras, según su función:

oraciones subordinadas adjetivas **especificativas**
oraciones subordinadas adjetivas **explicativas**

Ejemplo de una proposición que incluye una *oración subordinada especificativa*:

Yo quería escribir una reseña **que impresionara profundamente a los lectores del suplemento.**

Esto podría haberse planteado con un simple adjetivo:

Yo quería escribir una reseña **impresionante.**

Redactado así, sin embargo, no se entiende a quién o quiénes debía impresionar. Solo el que tiene la pluma en la mano sabe si surtirá mejor efecto emplear un adjetivo sencillo o una oración subordinada adjetiva.

Cuando la oración subordinada adjetiva es *especificativa*, restringe el sentido del sustantivo o frase sustantiva que modifica. Determina *que se trata de **ese objeto, persona o cualidad abstracta*** y no de ningún otro:

Necesito un auto **que no se me descomponga a los diez kilómetros.**
La estrella **que se convirtió en supernova anoche** no tiene nombre.
No le des tu firma a una señora **que no conoces.**

Ejemplo de una proposición que incluye una *oración subordinada explicativa*:

Pidieron que yo escribiera una reseña, **que es una especie de breve crítica literaria.**

Como puede verse, en este caso la oración subordinada adjetiva no *restringe* el sentido del sustantivo o frase sustantivada que modifica. Simplemente le agrega información. Por esta razón se afirma que las subordinadas explicativas funcionan como *oraciones parentéticas*, pues *amplían* o *abundan* sobre las cualidades de lo modificado, pero no lo especifican o restringen. Estrictamente hablando, estas oraciones podrían suprimirse sin que se altere el sentido esencial de la oración, como en efecto ocurre con el ejemplo mencionado. No obstante, estas subordinadas son útiles precisamente porque nos permiten ampliar lo que sabemos acerca de lo que modifican: es como si agregáramos información entre paréntesis.

En términos prácticos, se distingue entre una oración subordinada especificativa y otra explicativa porque esta es precedida de una coma (caso 2), mientras que no se usa ninguna antes de aquella (caso 1):

caso 1: **Especificativa**
Me habló de la novela **que leyó anoche en la biblioteca.**

caso 2: **Explicativa**
Me habló de la novela**, que es su género literario preferido.**

El lector debe fijarse en que si en el caso 1, que incluye una oración subordinada especificativa, hubiéramos empleado una coma después de la palabra *novela*, se habría convertido en una subordinada explicativa, por la sencilla presencia de esa coma:

Me habló de la novela, **que leyó anoche en la biblioteca.**

En este caso el sentido difiere radicalmente del que posee la proposición original sin coma. En aquella, se especificaba de qué novela habló: *la que leyó anoche en la biblioteca*. Pero si ponemos coma después de la palabra *novela*, simplemente informamos que la leyó anoche en la biblioteca. En otras palabras, *se da por sentado* que el lector ya sabe de qué novela se trata; aquí el redactor se limita a ampliar la información.

En los próximos dos ejercicios se discriminará entre estas dos clases de oraciones subordinadas.

Ejercicio 1

Redacte una proposición que una lo dicho en cada uno de los siguientes pares de oraciones simples. Debe tratarse de una oración compuesta que incluya una subordinada especificativa:

EJEMPLO: Me urge hablar con un médico. Este médico tiene que haber realizado estudios de oncología en Buenos Aires.
RESPUESTA: Me urge hablar con un médico que haya estudiado oncología en Buenos Aires.

1. Tengo ganas de confeccionar un traje sastre. Este traje debe combinar con mi bolso.

   ____

2. Quiero que me des un sándwich. Debe satisfacerme realmente.

   ____

3. ¿Viste al hombre? Este hombre salió corriendo de la tienda.

   ____

4. Nadie quiso el platillo. Este platillo fue preparado por tu tía.

   ____

5. En Egipto ejecutaron a terroristas. Habían matado a turistas extranjeros.

   ____

6. Se encontró un antídoto para un veneno. Este destruye neuronas indiscriminadamente.

   ____

7. Los periodistas homenajearon a los jugadores. Estos se habían negado a aceptar un reglamento racista.

   ____

8. El gobernador vetó un proyecto de ley. Este proyecto prohibía la libre circulación de materiales políticos.

___

9. La Fuerza Aérea no quiso adquirir el avión. Una firma inglesa acababa de anunciar este avión.

___

10. Todos felicitaron a la madre del niño. El niño en cuestión había rescatado a un policía.

___

Ejercicio 2

Redacte una proposición que una lo dicho en cada uno de los siguientes pares de oraciones simples. Debe tratarse de una proposición que incluya una oración subordinada explicativa. Como puente o nexo puede usar cualquier pronombre relativo, como que, el cual, la cual, quien, cuyo *o* cuya *(con sus respectivos plurales).*

EJEMPLOS: • Cayó estrepitosamente el valor del peso. El peso es la moneda oficial de México. • A mí siempre me fascinaron los Niños Héroes. Los Niños Héroes murieron el 13 de septiembre de 1847 en el Castillo de Chapultepec. RESPUESTAS: • Cayó estrepitosamente el valor del peso, el cual es la moneda oficial de México. • A mí siempre me fascinaron los Niños Héroes, quienes [*o los cuales*] murieron el 13 de septiembre de 1847 en el Castillo de Chapultepec.

1. El telescopio escudriña la Vía Láctea. La Vía Láctea es la galaxia de nuestro sistema solar.
2. Develaron una placa dedicada a la memoria de John F. Kennedy. Este hombre fue muerto en Dallas, Texas, en noviembre de 1963.
3. Aún no se publican las memorias de Octavio Paz. Ganó el Premio Nobel en 1990.
4. Hubo una epidemia de cólera en California. La frontera sur de este estado colinda con México.
5. A mi hermano le interesan las propiedades del hidrógeno. Este elemento es uno de los más abundantes en el universo.
6. En América se desconoce el urbanismo de la Alemania socialista de Weimar. Este urbanismo creó viviendas públicas tanto frugales como estéticas.

7. Ana María luchó durante años por estrenar su obra en Broadway. Broadway es la zona donde más teatros hay en Nueva York.
8. Todo el grupo se trasladó a Brasil. Este país es el más grande de América del Sur.
9. Recordamos a cada rato esa escuela. Esa escuela fue reconocida como la más progresista.
10. Todavía se especula acerca de Alejandro Magno. Se desconoce la fecha exacta de su nacimiento.

1. ______________________________
2. ______________________________
3. ______________________________
4. ______________________________
5. ______________________________
6. ______________________________
7. ______________________________
8. ______________________________
9. ______________________________
10. ______________________________

Oraciones subordinadas circunstanciales

En la *oración simple*, solo hay un verbo conjugado. Cuando necesitamos expresar las circunstancias en que se ejecuta la acción del verbo, recurrimos a un *complemento circunstancial*. En el ejemplo siguiente es de lugar:

> Joaquín se bajó del autobús *cerca del taller mecánico*.

Podríamos transformar ese complemento circunstancial en una *oración subordinada circunstancial*. En el ejemplo ya citado, se ve que la acción del verbo [*se*] *bajó*, se ejecutó *cerca del taller mecánico*. Ahora bien, transformemos esta oración simple en una oración compuesta, al volver oración subordinada lo que antes había sido un simple complemento circunstancial:

> Joaquín se bajó del autobús cerca del taller **donde <u>algunos amigos</u> *arreglan* su coche.**

Ahora tenemos una proposición que incluye una oración subordinada circunstancial de lugar, la cual está en negritas. En cursivas se ve el núcleo verbal de esta oración. El sujeto de la subordinada está subrayado. También las hay de tiempo, modo, comparativas, finales (o de finalidad), causales (o de causa), consecutivas (que indican consecuencia), condicionales y concesivas.

Ejercicio 3

Enseguida encontrará diez parejas de oraciones simples. En una de ellas se incluye información que podrá convertirse en una oración subordinada circunstancial de alguna de las clases mencionadas en el párrafo inmediatamente anterior a este. Convierta dicha oración simple en una subordinada circunstancial y combínela con la otra, la subordinante, de manera que se tenga una oración compuesta. No olvide indicar de qué clase de oración subordinada circunstancial se trata. Pueden eliminarse palabras, además de ajustar y alterar la sintaxis.

EJEMPLOS: • Se entregaron los asaltabancos. Ya no les quedaban balas. • Ejecutó la sonata. Su ética profesional le exigía hacerlo maravillosamente. RESPUESTAS: • *Cuando ya no les quedaban balas*, se entregaron los asaltabancos. (tiempo) • Ejecutó la sonata maravillosamente, *como su ética profesional se lo exigía*. (modo)

1. Nací en Puerto Rico. Allí la gente es bondadosa y hospitalaria.

   ____

2. Murió el premio Nobel Octavio Paz. Acababa de cumplir 84 años.
   (Como el sujeto es el mismo, puede aparecer en cualquiera de las dos oraciones, la subordinada o la subordinante).

   ____

3. Decidí estudiar latín. Tú me lo habías aconsejado.

   ____

4. Sebastián corre su bicicleta en el velódromo. Tú hacías lo mismo.

   ____

5. Los agentes judiciales querían sentar un precedente. Decidieron respetar los derechos humanos de los detenidos.

   ____

6. Ve a la tienda. Necesito tres litros de leche y quince minutos de tranquilidad.

   ____

7. No aprobó el curso de Química. Tendrá que repetir el año.

____

8. No hablo francés. De otra manera, consideraría pasar mis vacaciones en París.

____

9. Insistes e insistes y vuelves a insistir. De todos modos no me casaré contigo.

____

10. Mi mamá bajó la ropa de la azotea. Justo en ese momento empezó a llover.

____

Ejercicio 4

Elabore una oración compuesta por cada clase de subordinación circunstancial mencionada en el apartado §4C.2 de la 7ª edición de *Redacción sin dolor*.

1. ____
2. ____
3. ____
4. ____
5. ____
6. ____
7. ____
8. ____
9. ____
10. ____
11. ____
12. ____
13. ____
14. ____

Ejercicio 5

A continuación encontrará un párrafo compuesto de una serie de oraciones simples. Notará lo entrecortado del estilo. Combínelas a su gusto para que en este párrafo haya tanto oraciones simples como compuestas. No tiene que respetar literalmente las oraciones como están redactadas aquí, sino que las puede cam-

biar como más le convenga. Y entre estas últimas, procure que haya coordinadas y subordinadas.

Los jóvenes suelen sentirse oprimidos por sus padres. Estos —según los primeros— no comprenden las necesidades de la juventud actual. Han olvidado. Ya no saben el significado de ser joven. Ellos, en su época, también quisieron ser libres. Deseaban salir del yugo parental. Ahora solo ven reglas. Buscan imponer formas. A ellos les gustan estas formas. Tal vez sus hijos no las entiendan. Quizá estos no tienen por qué entenderlas. Quieren sus propias reglas, sus propias formas. Necesitan experimentar, encontrar caminos auténticos para ellos. Los padres, por serlo y gracias a sus años, sí acumulan sabiduría. Pueden enseñar mucho. Pueden enseñar a sus hijos a evitar los baches. Ellos mismos cayeron antes en estos baches. Deben comprender —no obstante— esto. Los jóvenes quieren comunicarse con sus papás. Desean hacerlo a su manera. No según fórmulas, ni mucho menos bajo amenazas. El respeto es la clave. Hay que comprender a los jóvenes. Los jóvenes también deben intentar comprender a sus padres.

Ejercicio 6

Redacte un párrafo en que se describa una emoción fuerte. No olvide mencionar las circunstancias en que se desarrolla la acción, aunque esta sea mínima. Emplee oraciones simples y compuestas. Después de cada oración compuesta, indique si se trata de oraciones coordinadas o, si hay una subordinada, anote de qué clase (sustantiva, adjetiva o circunstancial) y su función específica (sujeto, CD, CI, dentro de CP, dentro del CC, adjetiva explicativa o especificativa, circunstancial de tiempo, modo, lugar, etcétera).

Segunda parte

Puntuación

Capítulo 5

La coma [,] y el punto [.]

Uno de los errores más comunes en la redacción consiste en dejar de usar el punto [.] para separar nuestras proposiciones. Dos oraciones —o más— pueden convivir dentro de una sola proposición siempre y cuando se emplee entre ellas la puntuación, conjunción, pronombre relativo, nexo o puente adecuado. Por esto no deben unirse dos oraciones con una simple coma, a menos que se trate de oraciones en serie, las cuales son contempladas por la primera regla de los usos obligatorios de la coma, que se verá más adelante. Cuando se unen de manera indebida dos oraciones mediante una coma —o sin ninguna puntuación—, se incurre en lo que comúnmente se llama ***encabalgamiento***.

EJEMPLOS DE ***ENCABALGAMIENTO***

- Ese ejercicio no me fue grato, estuve dos días en cama con calambres.
  CORRECCIÓN:
  - Ese ejercicio no me fue grato, ya que estuve dos días en cama con calambres. O:
  - Ese ejercicio no me fue grato; estuve dos días en cama con calambres. O:
  - Ese ejercicio no me fue grato. Estuve dos días en cama con calambres.

- Nunca habló de sus pasiones, era un hombre hermético.
  CORRECCIÓN:

- Nunca habló de sus pasiones. Era un hombre hermético. O:
- Nunca habló de sus pasiones: era un hombre hermético. O:
- Nunca habló de sus pasiones porque era un hombre hermético.

Ejercicio 1

A continuación encontrará proposiciones que contienen dos oraciones que necesitan ser separadas por un punto [.] —después del cual debe empezarse otra proposición con mayúscula—, coordinarse o subordinarse una a otra. Véanse arriba dos ejemplos del fenómeno llamado ***encabalgamiento****. Muchas veces los redactores inexpertos colocan una coma donde debe ir el punto. No olvide empezar la segunda proposición con mayúscula si elige emplear el punto y seguido. Si desea usar algún nexo (para subordinar), conjunción, punto y coma o dos puntos (para coordinar), revise los capítulos 4 y 6 de* Redacción sin dolor, *7ª edición («Oraciones compuestas» y «El punto y coma y los dos puntos»).*

1. La gente discute muchos temas difíciles a veces no la entiendo.

   ____

   ____

2. Los avances tecnológicos abundan ayer leí un artículo interesantísimo acerca de viajes intergalácticos.

   ____

   ____

3. Los mapas de carreteras pueden resultar confusos el otro día me perdí irremediablemente gracias a uno de ellos.

   ____

   ____

4. El director de esa película es polaco filmó varias cintas durante la década pasada.

   ____

   ____

5. Los problemas de la física son complejos algunos dicen que son aún más complejos que los de la metafísica.

   ____

   ____

6. La seguridad en las fábricas es importantísima en 1911 murieron 146 costureras en un incendio en Manhattan por falta de medidas de seguridad.

   ____

   ____

7. Occidente necesita reexaminar su relación con Oriente pueden surgir muchísimos problemas si no lo hace.

8. El deporte internacional es importante algunos creen que se trata de una religión.

9. Los bajos sueldos de los trabajadores deprimen la economía de muchos países la ONU ha reconocido que es necesario elevar el nivel de vida de todos los que ganan un salario.

10. Este ejercicio trata el uso del punto en otros se verá el uso de la coma.

Ejercicio 2

El siguiente párrafo fue tomado de un libro imaginario. Los puntos fueron suprimidos alevosamente y alguien dejó comas en su lugar; eso, a pesar de que ya había otras comas que sí hacían falta, mismas que quedaron tal cual. Este facineroso, además, eliminó las mayúsculas y las sustituyó por minúsculas. Vuelva a colocar los puntos donde deben ir y encierre en círculo las letras que debieran escribirse con mayúscula.

Cuando terminó de acomodarse el polvo, nos dimos cuenta de que ningún edificio permanecía en pie, por donde pudiera verse había destrucción, caminamos durante lo que parecía una eternidad, los únicos comestibles que teníamos eran tres bolsas de papas fritas y una cantimplora, lo demás se había perdido en la trifulca, por fin salimos de lo que, suponíamos, era la ciudad y vimos unos cuantos árboles todavía verdes, pensábamos que se trataba de un espejismo, uno nunca sabe qué puede presentarse en estos casos, más adelante, los pocos árboles se convertían en bosque, nos sorprendimos sobremanera cuando descubrimos que había también un río, al principio no nos atrevimos a tomar el agua, la sed pudo más que nosotros, y al tercer día decidimos que tendríamos que correr el riesgo, nos agachamos para saborear el líquido cuando de repente se fue la luz, ya no pudimos seguir con el videojuego.

OBSERVACIÓN: Hay muchas maneras de puntuar este párrafo, o casi cualquier párrafo. Pueden emplearse nexos, conjunciones u otros signos, como el punto y coma o dos puntos. En una hoja aparte puede redactar el mismo párrafo más libremente, empleando estas posibilidades.

Hay 12 usos de la coma

La coma puede emplearse por muchas razones. Aunque su uso resulta discrecional a veces, casi siempre puede saberse el porqué de su presencia en una oración dada. En el capítulo 5 de *Redacción sin dolor* se identifican los 12 usos de la coma. Como allí se explica, en seis casos la coma es obligatoria, y en dos, discrecional. También se abordan los casos en que la coma de la inversión sintáctica deja de ser discrecional para volverse obligatoria.

Usos obligatorios

1. La coma serial (para separar elementos, frases u oraciones en serie) [§5.2.1]
2. La coma antes de una conjunción (*y*, *ni*, *o*) para indicar que se rompe la serie, o que no se establece una, sino que se introduce una idea nueva. [§5.2.2]
3. La coma parentética (para separar información adicional o incidental del resto de la oración o proposición) [§5.2.3]
4. La coma del vocativo (para separar el elemento vocativo del resto de la oración) [§5.2.4]
5. La coma de la elipsis (para indicar dónde se ha suprimido, *elidido*, un verbo) [§5.2.5]
6. La coma antes de las conjunciones adversativas *pero*, *mas* y *aunque*, y de la locución conjuntiva *sino que* cuando coordinan oraciones [§5.2.6]

Ejercicio 3

A. *Llamamos* coma serial *a la que se emplea para separar elementos en serie.*

EJEMPLO: Durante el viaje pasamos por Londres, París, Madrid y Roma.

Separe con comas los elementos en serie. Observe que al usar la conjunción *y*, no debe usarse coma.

1. En cualquier biblioteca debe haber novela poesía ensayo teatro cuento y biografía.
2. Las ciudades más importantes de América del Sur son Buenos Aires Río de Janeiro Santiago Lima Quito Caracas Bogotá La Paz Montevideo Asunción.
3. Bach Beethoven Mozart Haydn Schubert y Schumann se encuentran entre los grandes de los siglos XVIII y XIX.
4. A nadie le gustan las personas engreídas prepotentes lascivas e irrespetuosas.
5. Para el niño es importante aprender jugar crecer sentirse querido.
6. El progreso a veces llega lenta dolorosa e inesperadamente.
7. Los sobrinos siempre me piden dulces y chocolates y pasteles y dinero y videojuegos y lo que tú quieras.
8. A Parménides nunca le interesaron los modales ni el buen gusto ni nada de eso.
9. Las fiestas decembrinas son de para y por el pueblo.
10. Llegaron el Tigres el Pumas el Águilas el Serpientes y el Mastodontes el Hipopótamos de Lujo y el Mirameinometoques a disputar el campeonato nacional de nombres chistosos de equipos deportivos.

B. *Escriba cinco oraciones con elementos en serie. No olvide, para este fin, usar sustantivos, adjetivos, adverbios, infinitivos y hasta preposiciones.*

1. ______________________________
2. ______________________________
3. ______________________________
4. ______________________________
5. ______________________________

C. *Coloque las comas necesarias para separar frases cuando vienen en serie. Recuerde que las frases en serie deben ser tratadas, en lo que se refiere a la puntuación, como palabras en serie.*

1. No hay nada como salir a correr llegar a bañarse ver las noticias y echarse a dormir.

2. Gritando improperios amenazando a diestra y siniestra mostrando una cara de orate encendido echando espuma por la boca hizo acto de presencia el director de la escuela. (Véase el apartado §5.2.10 de la 7ª edición de *Redacción sin dolor*).
3. El verde aceituna el rojo cereza el gris oxford el azul cielo son mis colores favoritos para el cabello.
4. Para mí eres una monedita de oro un estuche de monerías la divina garza la mamá de los pollitos.
5. Envié el comunicado al director actual al presidente en turno al secretario de la mesa al vocal que fue nombrado ayer y a la señora de la limpieza.

D. *Las frases y oraciones en serie comparten estructuras similares. Localice, en la segunda columna, el par de cada construcción de la primera.*

1.	arroz con pollo	a.	aramos el campo
2.	hombres altos y fornidos	b.	un proyecto sin futuro
3.	compramos el tractor	c.	impresoras baratas y eficientes
4.	con entusiasmo y brío	d.	se quejó con dulzura
5.	un sueño imposible	e.	ninguno quiso saberlo
6.	tras lentes oscuros	f.	chiles en nogada
7.	pescaron trucha	g.	cazaron venado
8.	computadoras caras y lentas	h.	con un abrigo largo
9.	nadie se enteró	i.	mujeres guapas e inteligentes
10.	se derritió de placer	j.	con optimismo y energía

E. *Separe las siguientes oraciones seriadas con sus respectivas comas. Note cómo las oraciones subordinadas en serie funcionan como las frases en serie.*

1. Llegaron sin avisar saquearon los archiveros tiraron todos los libros y metieron virus en la red.
2. Recibieron la ropa la separaron por colores la pusieron a remojar y la echaron toda en la misma lavadora.
3. Me duele la cabeza una muela no me deja en paz tengo el pie izquierdo hecho trizas necesito anteojos y mañana voy a casarme.
4. Cuando le dio la gana como quiso sin que le importara nada lo hizo.
5. ¿Desayunaste temprano fuiste al gimnasio te bañaste con agua de rosas y viniste a trabajar en fachas?

6. Los estudiantes comen tacos de canasta los maestros llevan su propia comida a la escuela los directores procuran que haya espacios adecuados para que su personal y alumnado no se mueran de hambre.
7. El día que tú quieras en el momento que tú dispongas a la hora que más te parezca podrás pedirme ese beso que aquí te guardo.
8. Es increíble cuánto necesitan entrenar los atletas cuán temprano deben levantarse todos los días con qué disciplina tienen que comer para llegar al campeonato.
9. Me urge que me traigas tu foto más reciente me escribas un currículo me elabores un proyecto para el año que entra y que estés aquí en media hora.
10. Durante la Conquista mataron a la mayoría de los indígenas saquearon las riquezas naturales quisieron suprimir los idiomas autóctonos y crearon una subclase de mano de obra barata que persiste hasta nuestros días.

F. *Agregue las comas seriales que hacen falta en las siguientes proposiciones, reconozca qué tipo de oración seriada (A o variante de A; B o variante de B) son e indíquelo en la línea de abajo de cada una.*

1. Llamaron insistentemente dejé sonar el teléfono varias veces contestó mi marido y le colgaron.

   ____

2. Tania llega de trabajar se lava las manos se cambia de ropa y de zapatos calienta comida en el microondas se sienta a la mesa frente al televisor todos los días.

   ____

3. Sobeida platica con su compañera Clementina toma notas Alfonso manda mensajes de texto David escucha con atención al profesor.

   ____

4. Clotilde escucha música ve un programa de televisión y hace la tarea cuando cuida a sus hermanos menores.

   ____

5. Los trabajadores levantaban el pavimento de la calle principal las señoras alzaban a sus perros para llegar a la banqueta los ciclistas esquivaban los baches los automovilistas desviaban su camino mientras yo desayunaba en el café al aire libre.

   ____

6. Jacinto lanzó la cuerda a su hermana esta se la amarró a la cintura los hombres jalaron con fuerza la muchacha salió del pozo y todos celebraron.

____

7. Hace algunos años Bertha cantaba ópera bailaba ballet componía música y dirigía sus propios espectáculos.

____

8. Seth se ilusionó hizo planes compró un boleto preparó la maleta esperó unos meses y fue a visitar a sus padres.

____

9. Las luces se atenúan el director alza la mano derecha entran los violines las violas y el violonchelo aguardan las flautas traversas empiezan a sonar justo a tiempo.

____

10. Los asnos rebuznan las vacas mugen los gatos maúllan los perros ladran los leones rugen.

____

G. *Escriba (empleando las comas adecuadamente) tres proposiciones formadas por oraciones seriadas del tipo A; tres, del tipo B; tres más, del tipo variante de A, y —por último— tres, del tipo variante de B.*

Tipo A

1. ____
____
2. ____
____
3. ____
____

Tipo B

1. ____
____
2. ____
____
3. ____
____

Tipo variante de A

1. ______________________________
____
2. ______________________________
____
3. ______________________________
____

Tipo variante de B

1. ______________________________
____
2. ______________________________
____
3. ______________________________
____

Ejercicio 4

Coloque una coma antes de la conjunción o puente si es necesario indicar que no hay serie.

1. El soldado se quedó dormido unos 30 minutos antes del amanecer y los informes especificaban que no se trataba de la primera vez.
2. Podemos comprar pescado, pollo, carne molida y preparar un festín.
3. No creo que Rosario tenga tiempo suficiente para preparar los documentos ni resulta factible que el departamento de Contabilidad tenga los recursos suficientes para procesarlos.
4. Ayer fui al cine con mi prima, mi hermana, mi cuñado y su mamá nos recogió después de la función.
5. Ni se trata de presionarlo ni de permitir la prolongación de esta circunstancia tan adversa.
6. No quiero nada de ti ni de tus padres ni tienes razones para creer que es así.
7. Salieron de la fábrica y se dirigieron al Congreso del Trabajo.
8. Quiero contarte toda mi vida y deseo que me escuches con atención.
9. Siempre traes a la casa a tus amigos, tus compañeros de trabajo, los vagos de la esquina y ya no estoy dispuesto a soportarlo.
10. Necesito que compres en el supermercado un kilo de zanahorias, dos kilos de papas y medio kilo de chícharos.

Cuando, dentro de una proposición, se incluye algún inciso, frase u oración parentética, es recomendable separar esta información del resto de la proposición con una o dos comas, según se encuentre en medio, al principio o al final de la misma.

Ejercicio 5

A. *Emplee las comas que sean necesarias en las siguientes oraciones, las cuales contienen incisos, frases u oraciones parentéticas. Recuerde que un complemento circunstancial —sea palabra, frase u oración— no es necesariamente parentético.*

1. La política otra manera de hacer la guerra es pasión de muchos.
2. Andrea llegó ayer desde Buenos Aires Argentina con 15 horas de atraso.
3. Las ideas de Benito Juárez el Benemérito de las Américas son de gran actualidad.
4. Las costas de Chile país de gran tradición marina atraen a cientos de miles de turistas cada año.
5. Creemos en la grandeza de España que es un país formado a la sombra de las tres grandes tradiciones monoteístas.
6. El tren que descarriló venía desde Cusco ciudad que dista unos 50 kilómetros del lugar del siniestro.
7. Las variaciones Goldberg del compositor alemán Johann Sebastian Bach datan de 1742.
8. La economía ciencia no siempre exacta toca todos los tejidos sociales.
9. La vida bajo las dictaduras militares si a eso puede llamársele *vida* no es fácil ni exenta de peligros.
10. Los obreros textiles que no fueron indemnizados según la ley se manifestaron enfrente del Palacio de Gobierno.

B. *Inserte las siguientes frases y oraciones parentéticas dentro de las proposiciones anteriores, pero elimine primero las que tenían originalmente.*

1. que nunca ha sido una de mis actividades preferidas

   ____

   ____

2. ciudad a la cual volvería sin pensarlo dos veces

   ____

   ____

3. cabeza del movimiento de Reforma en México

4. cuyo gobierno fue víctima de un golpe militar en 1973

5. lugar donde se prepara el mejor gazpacho del mundo

6. antigua capital del imperio inca

7. piezas encantadoras compuestas para clave

8. aunque muchos no quisieran admitirlo

9. una verdadera cicatriz en la piel del mundo supuestamente moderno

10. quienes no recibieron el trato que les fue prometido

Empleamos palabras o frases **vocativas** cuando nos dirigimos a alguien, en segunda persona, utilizando su nombre o algún equivalente (como apodo, título o simple pronombre). Cuando se recurre al vocativo, el nombre del aludido —o su equivalente— debe aislarse del resto de la oración. Ejemplo:

Lector, necesitas aprender a usar el vocativo. O: Necesitas, lector, aprender a usar el vocativo. O: Necesitas aprender a usar el vocativo, lector.

Ejercicio 6

A. *Coloque las comas del vocativo donde deben ir. No se deje confundir:* cada proposición incluye algún elemento vocativo.

1. Me gusta Luis tu nuevo libro.
2. Me dijo Adriana que ella misma iba a dibujar el palacio Andrés.
3. Oye mi amigo esta canción de los Beatles.
4. Corre Alfredo y no te dejes atrapar por las garras de Epigmenia.
5. Me gustan las garras de Epigmenia Alfredo pero no tanto.
6. ¡Despierta mi bien despierta!
7. David agarra la onda antes que sea demasiado tarde.
8. David agarró la honda Saúl y mató a Goliat.
9. Protejamos nuestros derechos ciudadanos.
10. Nuestros derechos ciudadanos son importantes Nerón.

B. *Escriba cinco proposiciones que incluyan elementos vocativos. Recuerde que estos no tienen que ser necesariamente nombres propios.*

1. ____
2. ____
3. ____
4. ____
5. ____

Ejercicio 7

A. *Coloque coma en lugar del verbo que haya sido suprimido (elipsis).*

1. La semana pasada comimos pay de queso; esta semana pastel de chocolate.
2. El académico puede tardar años en publicar sus investigaciones; los periodistas unas cuantas horas.
3. Enrique estudió Química; Martina Matemáticas; Roberta Arqueología; Sofía Letras.
4. Estos libros fueron publicados en Madrid; aquellos en Toledo; esos en Buenos Aires.
5. Shakespeare fue un gran dramaturgo inglés; Molière francés; Lope español.
6. Josefina se dedica a escribir; Leonora a actuar; Nathanael a cocinar; Alejandro a cantar; Dana a corregir.
7. A mí me gustan las películas de arte; a Manuel las de acción; a Hilda las de aventuras; a Ariadna las de terror.

8. En los países desarrollados, el asesinato es un delito que amerita las primeras planas; en los países en vías de desarrollo un inconveniente demasiado común; en México el pasatiempo de los narcotraficantes.
9. La obra de teatro que vi hace dos años se llamaba *Olimpia 68*; la que vi el año pasado *El autobús*; la que vi ayer *Lejos, volar*.
10. Micaela canta en La Scala; Carmen en la Ópera de la Bastilla; Violeta en la Ópera Metropolitana de Nueva York; Sonia en la regadera.

B. *Construya cinco proposiciones que empleen elipsis, también conocida como «verbo callado». Debe colocar un punto y coma [;] entre las dos o más oraciones principales; la coma se pone donde el verbo ha sido elidido.*

1. ______________________________
   ____
2. ______________________________
   ____
3. ______________________________
   ____
4. ______________________________
   ____
5. ______________________________
   ____

Ejercicio 8

Coloque coma donde haga falta antes de las conjunciones pero, mas *y* aunque *o de la locución conjuntiva* sino que *solo cuando haga falta.*

Para no confundirse Las conjunciones *pero* y *mas* son sinónimos. *Aunque* puede significar *pero* (o *mas*), pero también puede dar a entender *a pesar de que*. En el primer caso (cuando significa *pero* o *mas*), debe antecederle una coma. En el segundo, puede antecederle una coma o no. Así, puede haber más de una sola solución en algunas de las proposiciones que leerá a continuación.

1. Te casarás aunque no quieres hacer una gran fiesta.
2. Te casarás aunque no quieras hacer una gran fiesta.
3. Es terca mas simpática.
4. Es tonto pero guapo.
5. Quieres casarte pero jamás lo harías con quien detestas.

6. Quieres divorciarte aunque no puedes.
7. No deseas casarte sino que quieres tener muchos amantes.
8. No debes mentir sino decir la verdad.
9. Es bueno ser precavido pero no temeroso.
10. Es bueno ser precavido aunque no conviene ser temeroso.
11. Marcela teme a las alturas aunque vuela en avión cada semana.
12. Marcela teme a las alturas mas vuela en avión cada semana.
13. Harán una gran fiesta pero solo vivirán en unión libre.
14. No harán una gran fiesta sino que solo vivirán en unión libre.
15. Su vestido de graduación no será rojo sino morado.

Usos discrecionales

7. La coma que se usa entre el sujeto y el núcleo del predicado **solamente** cuando el primero es o incluye oración subordinada. Véase el apartado §5.2.7 de *Redacción sin dolor*, 7ª edición.

8. La coma que se usa después del complemento en una inversión sintáctica. [§5.2.8]

Aunque la Academia ha sido enfática en que jamás debe emplearse una coma para separar el sujeto del núcleo de predicado, en algunos casos puede resultar imprescindible hacerlo por razones de claridad. Esto solo podrá suceder cuando el sujeto de una oración independiente sea en sí una oración subordinada (*oración subordinada sustantiva de sujeto*, véase el apartado §4B.2.1 de *Redacción sin dolor*, 7ª edición) o cuando incluya una oración subordinada.

Ejemplos de oración subordinada de sujeto:
El que tú lo digas... Quien no haya pecado...

Ejemplo de sujeto que incluye una oración subordinada:
Las manipulaciones que hace el diablo a cada rato en la literatura...

Usaremos esta coma discrecional nada más cuando sea estrictamente necesario; es decir, cuando se trate de la mejor sintaxis y haya posibilidad de confusión o ambigüedad. Si fuera mejor alterar la sintaxis, y con esta acción se evitara el uso de la coma que separa el sujeto del núcleo del predicado, eso sería preferible.

Ejercicio 9

A. *Coloque una coma después de los sujetos que sean o incluyan oración subordinada únicamente donde sea de verdad necesario. Si cambiar de posición el sujeto es mejor para comprender el sentido, proponga cómo lo cambiaría.*

1. Los indicadores que muestran tendencias negativas en la Bolsa u otros mercados financieros casi siempre son ignorados por quienes creen que su voluntad puede más que las fuerzas brutas de la economía.

2. Que los policías hayan dicho tal o cual cosa difícilmente comprueba que han procedido correctamente.

3. Quien no haya pasado a firmar el registro favor de hacerlo de inmediato.

4. Aquellos que contrataron préstamos antes de la estrepitosa caída de la moneda ahora tendrán que verse obligados a renegociar con una banca que está en peores condiciones que ellos.

5. Lo que el señor Velázquez dijo o no dijo en la reunión del jueves pasado a mí me tiene perfectamente sin cuidado.

6. Las obras de Shakespeare que leíste en tus años universitarios no pueden compararse con las mismas obras que leíste a partir de tus 40 años de edad.

7. El hecho de que Guillermo se haya presentado en la Dirección para discutir su permanencia en la empresa de ninguna manera afectará una decisión que ya fue tomada.

____

____

____

8. Todo cuanto tú puedas decir y hacer en este mundo vuelto de cabeza algún día será reflejado en la historia universal de la confusión posmoderna.

____

____

____

9. Las computadoras más modernas que vemos en Las Vegas actualmente se encuentran a la venta en casi todas las tiendas especializadas.

____

____

____

10. Aquel que se atreva a gritar *fuego* en un cine lleno de humanidad no merece calificativo de *ser humano*.

____

____

____

Evidentemente, este uso de la coma tiene que ver con sujetos complicados. Se dificultan aún más los sujetos cuando en ellos introducimos construcciones con la preposición *de* y complementos circunstanciales.

B. *A continuación hay diez proposiciones, algunas de las cuales necesitan una coma después del sujeto; otras deben escribirse sin coma alguna; hay todavía otras, sin embargo, que pueden escribirse con o sin coma, según lo juzgue el redactor. Coloque las comas que estime necesarias. Si considera que sería mejor cambiar el orden de los elementos, hágalo en las líneas que están debajo de cada proposición.*

1. Las gramáticas que se publicaron antes de este siglo todavía guardan cierta vigencia.

____

____

2. Las especificaciones de la impresora que me mandaste desde el taller la mañana de ayer todavía requieren una revisión detallada.

3. Los vendedores de seguros que yo conozco no siempre ganan lo suficiente para mantener a una familia de cuatro.

4. Quien lo dijo debe presentarse aquí.

5. Los manuscritos de los autores sudamericanos que enviaron sus trabajos al concurso deben ser leídos con especial cuidado.

6. Aquellos que desean irse pueden hacerlo.

7. Quien no conoce el amor perfectamente puede escribir poesía.

8. Los neoliberales de este fin de siglo apenas tienen idea de lo que está sufriendo la gente mientras espera que la riqueza «gotee» de los bolsillos de las 500 personas más ricas del mundo.

9. Todo lo que se entiende en estos días como acto de solidaridad puede confundirse fácilmente con cinismo o sentimentalismo mal encaminado.

10. Los políticos que evitan a toda costa escuchar la voluntad popular deberán aguzar el oído si no quieren figurar en la historia universal de la infamia.

Dentro del orden lógico de la oración, los complementos del predicado (directo, indirecto, circunstanciales y preposicionales del verbo) se hallan después del verbo. Si se escriben al principio (antes del sujeto) o en medio —entre el sujeto y el núcleo del predicado—, se considera que el escritor ha realizado una inversión sintáctica.

Invertir los complementos directo, indirecto y preposicional del verbo solo se considera correcto cuando se tiene la intención de enfatizarlos. Por ejemplo: *La computadora* **la** compré en el supermercado de la esquina. CD: *la computadora* (*la*). *Del cambio de horario, a mí* no **me** avisaste. CPV: *del cambio de horario*; CI: *mí* (*me*). Nótese cómo en el primer ejemplo es necesario duplicar el CD con el pronombre *la*, y que pasa lo mismo con el CI, en el segundo ejemplo, que también necesita duplicarse con el pronombre *me*. Como puede observarse, el CPV no tiene pronombre por el cual intercambiarse o con el cual duplicarse. Con las cursivas se señala la intención enfática de la inversión sintáctica de esos elementos, y debido a que no es de verdad indispensable usar comas, no se colocaron a pesar de que la regla lo permite.

A diferencia del CD, del CI y del CPV, invertir los complementos circunstanciales es sumamente común, y muchas veces, recurso obligado por cuestiones expresivas o de claridad.

Como hemos visto, en estos casos la coma es discrecional; sin embargo, debido a que muchas veces será indispensable que la usemos en otros lugares de nuestras proposiciones, es preferible que no la pongamos si no resuelve una ambigüedad o si no ayuda en la lectura.

Por otro lado, **cuando se invierten dos o más complementos**, es necesario que los separemos unos de otros con coma, la cual será serial. Es decir: la coma solo es discrecional cuando únicamente se invierta un complemento del predicado.

Una última observación: cuando hay dos o más elementos invertidos, las únicas comas obligatorias son aquellas que separan estos elementos. En otras palabras, la coma después del ulterior elemento invertido es discrecional (si no se da uno o más de los casos que se mencionan en los apartados §5.2.9 al §5.2.12 de *Redacción sin dolor*, 7ª edición).

Ejercicio 10

A. *Coloque las comas que sean estrictamente necesarias antes y después —o solo una coma después— de las inversiones sintácticas, según su lugar dentro de la oración.*

1. A pesar de tus objeciones debemos seguir adelante con el proyecto.
2. Cerca de la esquina de Reforma e Insurgentes encontramos el tigre que se había escapado del zoológico.

3. Con trabajos casi sin aliento los exploradores llegaron al oasis urbano conocido comúnmente como «la cantina».
4. A partir del mes de mayo la sequía empezó a matar centenares de cabezas de ganado.
5. En agosto burlándose de las autoridades las sectas militaristas decidieron lanzar una campaña intensiva de desestabilización.
6. Sencillamente con aire de total confianza de un saco de tela simple sacó su primera novela.
7. Con dirección al sur de la ciudad los manifestantes empezaron a caminar animadamente.
8. Para estar acorde con los tiempos con la finalidad de conseguir resultados óptimos todos deben presentarse a trabajar con ropa ligera a partir de mañana.
9. Por razones de fuerza mayor el mes de diciembre será pospuesto hasta nuevo aviso.
10. Contra viento y marea bajo una ola expansiva de vituperios de la crítica especializada la coreografía llegó por fin a su público.

B. *Reescriba las siguientes oraciones invirtiendo el orden sintáctico. Solo si fuera indispensable, use la coma para separar el elemento invertido.*

1. Arrojó los víveres encima de la mesa.

   ____

2. Llegó a despedir a los empleados con infinito desparpajo.

   ____

3. Encontró a su hermano en aquel edificio a las tres de la tarde después de horas de buscarlo.

   ____

4. Me sirvió café frío en una taza rota con las iniciales de un agente de la KGB.

   ____

5. Siguió amándome a pesar de que accidentalmente le rompí los dientes con una de mis famosas patadas voladoras.

   ____

6. Criticó severamente al secretario de Educación para obtener un puesto dentro de la Secretaría.

   ____

7. Externó sus dotes de crítico social en un cómic que no le gustó al presidente.

   ____

8. Alberto se comunica con extraterrestres regularmente vía correo electrónico y por redes sociales.

____

9. El ingeniero no da muestras de actuar debido a la crisis financiera.

____

10. Amenazó a los invasores de su terreno con un tenedor y un palo de madera.

____

Casos donde se pierde la discrecionalidad y la coma se vuelve obligatoria

Dentro del uso 5 de la coma (inversión sintáctica), hay cuatro ocasiones en que esta pasa de discrecional a obligatoria. [Véanse los apartados §5.2.9 a §5.2.12 de *Redacción sin dolor*, 7ª edición].

9. Cuando, dentro de una proposición, es necesario separar frases u oraciones para evitar confusiones o ambigüedad (incluso si no hay inversión sintáctica). [§5.2.9]

Ejercicio 11

A. *Coloque una coma donde haga falta para evitar ambigüedad.*

1. Tengo que hacer una reseña sobre una serie de libros para niños importados. (¿Quiénes son los importados: los libros o los niños?).
2. Se venden blusas para mujeres guangas.[1] (¿Las guangas son las blusas o las mujeres?).
3. Tocaré esa pieza siempre y cuando me prestes la partitura.[2]
4. Compraré un coche de transmisión automática azul. (¿Qué es azul: el coche o la transmisión automática?).
5. Como me advirtió tarde llegó. (¿Me advirtió tarde o llegó tarde?).

---

1 El adjetivo *guango(a)* es un mexicanismo de *holgado, ancho.*

2 Aunque la oración subordinada circunstancial condicional (*siempre y cuando me prestes la partitura*) no esté en inversión sintáctica, hay que poner la coma para evitar la ambigüedad que podría crearse si el lector entendiera *Tocaré esa pieza siempre* en lugar de *Solo tocaré esa pieza si me prestas la partitura.*

6. Debo contar a las niñas bien. (¿Debo ser preciso en el conteo o contaré «niñas bien»?).
7. Compró una mesita de noche barata. (¿Qué era barata: la mesita o la noche?).
8. Estamos buscando una cafetera que no queme el café con un cable de por lo menos dos metros. (¿La cafetera quema el café con un cable, o necesitamos una cafetera con cable largo que, además, no queme el café?).
9. Vimos un filme de terror que se nos antojó muy moderno. (¿Qué se nos antojó muy moderno: el filme de terror o solo el terror?
10. Los campesinos rezaron por el alma de los muertos cuando regresaron de recoger la cosecha. (¿Quiénes regresaron de recoger la cosecha: los campesinos o los muertos?).

B. *Replantee las proposiciones anteriores de modo que su sentido sea perfectamente claro.*

1. ______________________________
2. ______________________________
3. ______________________________
4. ______________________________
5. ______________________________
6. ______________________________
7. ______________________________
8. ______________________________
9. ______________________________
10. ______________________________

10. Después de frases u oraciones que contienen participios o gerundios. Cuando se inicia una proposición con alguna frase que emplea un participio o un gerundio, debe usarse una coma antes de la oración principal. [§5.2.10]. Ejemplos:

Entregada la mercancía, no se aceptan reclamaciones.
Alegando la locura de su cliente, el abogado pidió clemencia al juez.

Es, además, recomendable que se repasen las reglas del uso correcto del gerundio, mismas que se encuentran en el apéndice («El gerundio bien y mal empleado») de *Redacción sin dolor*, 7ª edición.

C. *Puntúe correctamente las siguientes proposiciones.*

1. Controlando su furia la esposa engañada cerró la puerta silenciosamente.

____

2. Llegado el momento tú sabrás qué hacer.

____

3. Habiendo leído el periódico de principio a fin se dispuso a dormir la siesta.

____

4. Midiendo sus palabras el investigador hizo la pregunta que estaba en boca de todos.

____

5. Ya preparados los alimentos los cocineros pudieron descansar un rato.

____

6. Vencido sobre la lona el pugilista se levantó para felicitar al nuevo campeón.

____

7. Alzando la voz se dio cuenta de que todos se habían callado repentinamente.

____

8. Habiendo insinuado lo peor el hombre sostuvo que no había acusado a nadie de nada.

____

9. Ya que el coche estaba destrozado nadie pudo volver a su casa ese domingo.

____

10. Empleadas las comas correctamente resulta mucho más fácil leer y entender cualquier escrito.

____

D. *Convierta los siguientes infinitivos en participios o gerundios para usarlos en frases iniciales de alguna proposición.*

EJEMPLO: **cantar...** • Cantando bajo la lluvia, el actor Gene Kelly se hizo famoso. **Iniciar...** • Iniciada la función, los ujieres cerraron las puertas de acceso a la sala principal del teatro.

1. prever...

____

2. aprobar...

____

3. conocer...

____

4. amar...

____

5. entregar...

____

11. Después de oraciones subordinadas circunstanciales condicionales en inversión sintáctica. Véase el apartado §5.2.11 de *Redacción sin dolor*, 7ª edición.

E. *Coloque una coma donde haga falta en las siguientes proposiciones. No será necesario colocar coma en todos los casos.*

1. Si vuelves a amenazarme te acuso con la Sociedad Protectora de Animales.
2. Como no me digas la verdad verás de lo que estoy hecha.
3. El técnico estipuló que la garantía quedará sin efecto si el cliente abre el televisor.
4. Regina dijo que trasplantaría el helecho si le buscas una buena maceta.
5. Donde te vea coqueteando con otra no te prestaré mi maquillaje.
6. Si no se te cae ese diente de aquí al viernes el ratón no te traerá nada.
7. Los Reyes Magos no traen regalos a los niños si se portan mal.
8. Si acumulas 24 visitas al cine te darán una tarjeta de invitado especial platino.
9. Los equipos visitantes no querrán jugar si no garantizamos su seguridad.
10. No debemos comprar ese coche si el seguro no está incluido.

12. Cuando el complemento invertido consiste en un adverbio o frase adverbial empleado de manera absoluta. Véase el apartado §5.2.12 de *Redacción sin dolor*, 7ª edición.

F. *Separe el adverbio o locución adverbial del resto de la oración cuando se empleen de manera absoluta.*

1. Por desgracia tendremos que escuchar el discurso hasta el final.
2. Tristemente se enteró de que no habían aprobado su solicitud.

3. Sin duda el avión romperá la barrera del sonido.
4. A ojo de buen cubero llegaremos dentro de cuatro horas.
5. Con mucho cuidado redactaron una carta a los embajadores de Marte.
6. Afortunadamente el paciente murió sin conocer la verdad.
7. Con todo no podremos aceptar una petición sin la firma del interesado.
8. Rápidamente el maestro se dio cuenta de su error.
9. Bien a bien no sabemos cuándo terminarán estas obras.
10. Increíblemente llegó en primer lugar.

Ejercicio 12

El siguiente es el principio de la novela Los hermanos Pastor en la corte de Moctezuma, *de Sandro Cohen [Editorial Colibrí, México, 2003. 192 pp.]. Todas las comas han sido suprimidas. Se han dejado los demás signos de puntuación. Coloque comas donde crea más conveniente. Recuerde que hay muchos casos en que el uso de la coma puede ser discrecional. Razone el uso de cada signo de puntuación.*

El aire que envolvía a la Ciudad de México brillaba con una transparencia conmovedora. Los rayos del sol refulgían en los cristales de la Casa del Lago y en la superficie del agua. Volvían aún más verdes las hojas que sonaban con el viento en las copas de los árboles y su luz iluminaba las caras de los niños que jugaban sobre el pasto. Ese sábado al mediodía podían verse los volcanes claramente desde el Castillo de Chapultepec. El Popocatépetl lucía majestuoso bajo su manto de nieve. A su lado el Ixtacíhuatl realmente parecía una mujer dormida.

—¡Mira Andrés! ¿Ya ves por qué valió la pena subir hasta acá?

Verónica Pastor andaba tres pasos más adelante de su hermano. Ella tenía 13 años —casi 14 según ella— y Andrés acababa de cumplir 12 en septiembre pero era alto para su edad. En cuanto sus papás salieron del departamento para asistir a una junta de profesores en la Universidad a ellos se les ocurrió ir a Chapultepec que solo quedaba a unas cuadras.

«¡Se portan bien! —les había gritado su mamá desde la puerta—. Solo tardamos un par de horas. Regresamos y salimos todos a comer!».

«¡Sí mamá!» le había contestado Verónica desde su recámara donde estaba con Andrés.

«*¡Sí mamá...!*» la había imitado su hermano con voz chillona y ojos saltones como era su costumbre cuando quería hacerla enojar. Pero Verónica sabía cuándo hacerle caso y cuándo no y simplemente había decidido ignorarlo para no poner en peligro la aventura que habían planeado en el parque para ese día. Tras cerrarse la puerta la casa quedó en silencio durante unos segundos...

«¡Vámonos...! —gritaron los dos tras escuchar que arrancaba el coche de sus papás—. ¡Ya se fueron!».

Andrés no quería ir al castillo porque tenía más ganas de visitar el zoológico. A regañadientes se dejó convencer por su hermana y subió refunfuñando por todo el camino de adoquines que llevaba hasta la parte más alta del cerro donde estaba la entrada al Museo de Historia. Pero justo cuando más enojado se sentía levantó los ojos y vio en todo su esplendor los dos volcanes que se enseñoreaban sobre todo el Valle de México.

—¡Qué increíble Vero! ¿Trajiste tu cámara? ¡Mira! ¡Están cubiertos de nieve! ¡Nunca los había visto así! —Andrés no pudo contener su alegría porque antes de ese día solo había visto los volcanes en foto. Con sus propios ojos no había vislumbrado más que un pedacito tras las nubes o la casi permanente capa de contaminación que los ocultaba. Pero en ese momento el aire estaba tan limpio que podía ver cómo la nieve brillaba alrededor de los peñascos que aún no se habían cubierto por completo. Y con gran claridad podía distinguir el lugar exacto donde los pinos de un verde resplandeciente dejaban de crecer junto a la nieve que reflejaba la luz del sol de manera espectacular. Casi podía escuchar el viento que en grandes torbellinos levantaba y zarandeaba los copos blancos.

—No Andrés. No traje mi cámara.

—Ay ¡siempre olvidas todo!

—Tampoco ¿eh? Mira... —y en eso Verónica sacó un estuche de su mochila.

Era el de neopreno un material a toda prueba del agua que su papá había visto cuando viajó a San Francisco para asistir a un congreso de historiadores. Lo compró especialmente para su flamante cámara digital.

—¡No se lo vayas a decir!

—¡La cámara...! —exclamó Andrés con gran entusiasmo abriendo los ojos a lo máximo. Pero de inmediato frunció el ceño y preguntó con más cautela—. ¿Trajiste *la cámara de papá*? ¡Si nos descubre nos mata!

—¿Qué le puede pasar? —le respondió su hermana con cierto aire de superioridad mientras sacaba el aparato del estuche.

—Está bien —Andrés se dejó convencer rápidamente lo cual extrañó un poco a su hermana. Pero antes que ella pudiera decir nada el muchacho continuó—. Luego pasamos las fotos a nuestra computadora y él ni se va a enterar. ¡Yo sé cómo hacerlo! ¡A ver sácame una foto con los volcanes!

Mientras Verónica ajustaba la cámara buscando el mejor encuadre Andrés hacía caras y agitaba los brazos.

—¡Ya estate quieto! ¿Cómo quieres que enfoque?

—¡Mira yo soy el emperador de los aztecas! —y alzó los brazos para flexionar sus músculos como si fuera un levantador de pesas que se pasa horas y horas admirándose en el espejo.

—Qué emperador ni qué ocho cuartos. Pareces bobo. A ver... ¡No te muevas!

Sonó el *clic* de la cámara y quedó fija la imagen de Andrés en la pequeña pantalla que estaba en la parte posterior. Verónica se quedó viéndola riéndose —ahora sí— con las chanzas y poses de su hermano sin darse cuenta de lo que había ocurrido...

—Mira Andrés. ¡Qué caras! Creo que voy a subir tu foto al internet para que te vea tu novia. ¡Ja ja ja! Ahora déjame poner el flash para que te veas mejor.

—Verónica...

—¿Qué? —la niña seguía disparando y disparando sin despegar el ojo de la cámara.

—Vero... ¡Verónica! —gritó Andrés con tal fuerza que su hermana levantó la vista de golpe. Estaban sobre el mismo cerro de Chapultepec pero no había ningún castillo. El camino de adoquines había desaparecido y en su lugar había una minúscula vereda de tierra. Por donde vieran se extendían llanuras y más llanuras mientras a lo lejos un círculo de montañas rodeaba al Valle de México. Ahí seguían el Popo y el Ixta. Hacia el sur se veía el Ajusco sin nieve. Hacia el poniente se percibían clarísimas las montañas que formaban el Desierto de los Leones y más allá La Marquesa. Hacia el norte estaba el Cerro del Chiquihuite sin su gran antena que sólo minutos antes transmitía programas de radio y televisión. Al volverse hacia el oriente ya no se fijaron en los volcanes sino en lo que había más abajo...

Capítulo 6

El punto y coma [;] y los dos puntos [:]

Hay tres usos principales del punto y coma:

1. para coordinar oraciones independientes que *no* se han unido mediante alguna conjunción
2. para coordinar oraciones en serie donde ya hay frases incidentales
3. para separar oraciones que comparten el mismo verbo, cuando este se ha suprimido después de la primera mención (*elipsis*, vista, asimismo, en el uso 5 —obligatorio— de la coma). Véase el apartado §5.2.5 de *Redacción sin dolor*, 7ª edición.

En otras palabras, casi siempre se usará el punto y coma cuando las oraciones antes y después de este signo de puntuación [;] sean gramaticalmente completas. Puede que sean oraciones simples, como en este caso: «Escucho música en la otra habitación; me parece conocida». Aquí, las dos oraciones simples se coordinan por yuxtaposición gracias al punto y coma. También pueden ser oraciones compuestas, como en este ejemplo: «Te traje el bolso que querías; cuídalo bien porque ya no me alcanza para comprar otro». Asimismo, pueden combinarse oraciones simples con compuestas: «Mi hija se peleó con un taxista; tal vez él ni siquiera se había dado cuenta de lo que le había hecho».

Enseguida veremos algunos ejemplos más de cómo se usa el punto y coma en las circunstancias mencionadas.

EJEMPLOS BÁSICOS DEL USO DEL PUNTO Y COMA [;]

1. Volví a dormir; soñé que volaba por encima del cráter del Popocatépetl.
CON EL USO DE UNA CONJUNCIÓN:
Volví a dormir y soñé que volaba por encima del cráter del Popocatépetl.
2. Muchos perros, aunque viven en el trópico, tienen el pelo largo; a pesar de los esfuerzos de sus amos, sufren mucho; habría que tomar esto en cuenta antes de comprar una mascota, pues su felicidad es lo que más importa.
3. Las novelas se imprimen en la colonia Moderna; los libros de texto, en la Obrera; las revistas y los libros de chistes, en una rotativa que tienen escondida en el sótano del viejo edificio.

Muchas veces el redactor querrá unir dos o más proposiciones en una sola. Esto podría deberse a que las ideas contenidas en estas proposiciones se relacionan estrechamente o porque comparten el mismo sujeto. En el ejercicio 1-A se aplica el segundo criterio.

para no olvidarlo El punto y coma no es un «punto medio» entre el punto y la coma (una cuestión sumamente subjetiva), sino que se usa para fines específicos en la redacción. Básicamente, el punto y coma se emplea entre oraciones que en otras circunstancias serían proposiciones independientes (con un punto entre ellas). Se opta por el punto y coma, en lugar del punto, porque se busca establecer que existe una relación muy estrecha entre las oraciones que se encuentran a ambos lados del punto y coma.

Ejercicio 1

A. *Coloque punto y coma entre las proposiciones separadas aquí con punto. Aprecie la diferencia de matiz provocada por el cambio de puntuación.*

1. Los nuevos dispositivos para personas que sufren de parálisis se encuentran ya en el mercado. Tienen, por desgracia, un precio muy alto.

___

___

2. Los adolescentes, al parecer, se la pasan chateando. Prefieren estar pegados al celular, por horas y horas, a realizar las actividades que los adultos llaman *productivas*.

___

___

3. El ser humano apenas ha cambiado en los últimos cuatro mil años. Sigue siendo presa del temor, la inseguridad y los celos.

4. Alejandro gastó un dineral en la fiesta de su ahijada. Se sentía moralmente comprometido con su compadre, quien acababa de fallecer.

5. Los libros de redacción no siempre ayudan. Muchas veces confunden más de lo que aclaran.

En el siguiente ejercicio se sigue el primer criterio; es decir, las proposiciones que se unirán en una sola no comparten el mismo sujeto. Aun así, se relacionan estrechamente y se usa punto y coma para separarlas porque el punto se antojaría demasiado tajante.

B. *Como en la parte «A» de este ejercicio, reemplace el punto con un punto y coma. Aprecie la diferencia de matiz provocada por el cambio de puntuación.*

1. Los niños exigen atención constante a sus padres. La infancia es una etapa en que el refuerzo paterno es imprescindible para el correcto desarrollo de los menores.

2. Los manuales de los aparatos eléctricos casi nunca son comprensibles. Parece que sus redactores no hablan el idioma en que escriben.

3. Las mejores obras literarias son aquellas que se leen generación tras generación. Sus autores tuvieron el genio para encontrar lo humano tras lo local y lo temporal.

4. El enamorado no entiende de razones. Su pasión busca realizarse a toda costa y en contra de todas las probabilidades.

5. Las fotografías son ventanas al pasado. Al verlas, uno se transporta momentáneamente a aquellas regiones que jamás podrá volver a pisar.

____

____

C. *A continuación encontrará una serie de proposiciones que emplean una coma seguida de una conjunción u otra clase de nexo para crear oraciones compuestas. Ejemplos:*

- Mi prima llegó ayer de Los Ángeles, y mi tía me ha rogado toda la mañana que la lleve a conocer Coyoacán.
- Exterminar una plaga de cucarachas es tarea difícil, ya que estos insectos se reproducen rápidamente.

En las proposiciones anteriores pueden eliminarse las comas, las conjunciones y los nexos; en su lugar puede colocarse un punto y coma. Aprecie el cambio de matiz provocado por el uso de punto y coma.

- Mi prima llegó ayer de Los Ángeles; mi tía me ha rogado toda la mañana que la lleve a conocer Coyoacán.
- Exterminar una plaga de cucarachas es tarea difícil; estos insectos se reproducen rápidamente.

En las siguientes proposiciones, elimine las comas, las conjunciones y los otros nexos; ponga en su lugar un punto y coma. Vea que aumenta la contundencia del mensaje cuando se yuxtapone mediante punto y coma.

1. Los dentistas son conscientes de la angustia que provocan en sus pacientes, y por esto memorizan una serie de chistes para relajar a quienes se atreven a sentarse en *la silla del dolor*.

____

____

____

2. La última película de Quentin Tarantino fue un gran éxito de taquilla y en los ojos de la crítica, por lo cual se convertirá probablemente en un clásico.

____

____

____

3. Los apuros financieros de cualquier país se traducen en problemas para su libre empresa, y con frecuencia conducen a quiebras masivas en el sector de la empresa mediana.

4. La vida comunitaria no es fácil, ya que suele contraponer los intereses inmediatos del individuo a los de la colectividad, que casi siempre son de largo plazo.

5. La lluvia es indispensable para la vida, y en épocas de calor lo es aún más.

6. Nunca volvió a saberse nada de aquella mujer, pues sin decirle nada a nadie subió a un barco en Buenos Aires hace casi 10 años.

7. Su hambre no es problema de médicos sino de sociólogos, al mismo tiempo que su lengua no es materia de ministerios de educación sino de antropólogos, y sus reivindicaciones no competen a los políticos sino a los historiadores.

8. Los japoneses comen con deleite pescado crudo y delicadezas tales como pulpos y calamares, mientras que entre los coreanos el perro es considerado un plato extremadamente suculento.

9. Jamás regresamos a la escena del crimen, pues extraviamos el mapa.

10. La mirada de la niña revelaba serenidad y paciencia, y al mismo tiempo su sonrisa poseía cierto aire de perversidad.

___

___

___

Si se introducen palabras, frases u oraciones parentéticas (incidentales) dentro de proposiciones que ya emplean comas, muchas veces conviene convertir estas en punto y coma, y usar comas donde la sintaxis lo exige.

Ejercicio 2

A continuación encontrará un párrafo y una lista. Esta consta de frases u oraciones parentéticas que deben introducirse en el párrafo —una por cada elemento seriado, excepto en la última oración, la cual llevará dos elementos incidentales—, en el orden estricto en que aparecen en la lista. *Use punto y coma donde originalmente había comas. Use las comas necesarias en el resto de la redacción. (Recuerde que las oraciones coordinadas suelen ser independientes).*

EJEMPLO DE CÓMO DEBE REALIZARSE ESTE EJERCICIO:

Jerónimo se levantó con los primeros rayos del sol, prendió la computadora, desplegó el Diccionario de la Real Academia Española. Buscó afanosamente la definición de la palabra *epistemología*, apuntó los pormenores que vio allí, procedió a olvidarlo todo.

1. la cual había comprado en Tepito
2. con una impresionante ansiedad
3. pues se lo habían dejado de tarea
4. casi en contra de su voluntad
5. como acostumbraba

SOLUCIÓN DEL EJEMPLO:

Jerónimo se levantó con los primeros rayos del sol**;** prendió la computadora**, la cual había comprado en Tepito;** desplegó**, con una impresionante ansiedad,** el Diccionario de la Real Academia Española. Buscó afanosamente la definición de la palabra *epistemología***, pues se lo habían dejado**

de tarea; apuntó**, casi en contra de su voluntad,** los pormenores que vio allí; procedió a olvidarlo todo**, como acostumbraba**.

¡Ahora sí, a resolver el ejercicio!

Los hombres cazan, las mujeres deciden si desean ser cazadas. Algunos hombres son hábiles para ello, otros resultan perfectamente ineptos como cazadores. Algunas mujeres gustan de participar en la caza, otras aparentan participar pero en realidad están a la caza. Las personas cambian, los deseos son los mismos. Muchas personas hablan de consecuencias, plantean disyuntivas, pretenden ver el futuro. La realidad no siempre obedece a nuestros designios personales, los mejores planes que trazamos se extravían, en ocasiones nos encontramos justo donde jamás nos habíamos imaginado. Es entonces cuando el destino se revela en todo su esplendor, nos muestra que no tenemos necesariamente la última palabra, que la vida nos guarda muchas sorpresas. El secreto está en saber quién es uno, en reconocer cuáles son los valores propios, en darse cuenta de qué puede uno dar a los demás.

1. aunque suene primitivo
2. con todo lo que esto implica en términos de guerra psicológica
3. característica que les abre muchas puertas hacia el sexo opuesto
4. como los del tipo «Woody Allen» en *Sueños de un seductor*
5. entre ellas las más tradicionales
6. lo que les da gusto a los *machos*
7. no importa su sexo
8. a lo largo del tiempo
9. no obstante
10. queriendo ser previsoras
11. como si fueran videntes
12. sin embargo
13. con frecuencia
14. para sorpresa de todos
15. esa fuerza que nadie comprende
16. con absoluta contundencia
17. esa que habíamos planeado con tanto detalle
18. por todo esto
19. por si no lo hubiéramos hecho ya
20. de una vez y para siempre
21. sean cazadores, cazados o casados

Cuando varias oraciones compuestas comparten el mismo verbo, se puede escribir este la primera vez y suprimirlo en las demás ocasiones. Cuando esto sucede, se coloca punto y coma donde antes había punto o coma, y se pone una coma en el lugar de los verbos suprimidos. Esto se llama *elipsis*.

Ejercicio 3

A. *A continuación encontrará cinco grupos de dos o más proposiciones cuyos núcleos verbales se repiten. Únalas en cinco proposiciones. Solo escriba el verbo principal la primera vez que aparece. Use la coma para indicar el lugar de los verbos suprimidos. (Revise lo que escribió usted en la parte «B» del ejercicio 7 del capítulo 5 de este cuaderno, p. 86). Para una explicación más detallada de elipsis (o* verbo callado*), consulte la sección §6.1.3 de la 7ª edición de* Redacción sin dolor.

1. Las niñas practicarán hockey sobre pasto. Los niños practicarán futbol.

2. La comisión entregó una serie de papeles que supuestamente se habían extraviado durante la gestión anterior. Los inculpados entregaron una declaración de inocencia.

3. Raúl y Javier fueron recluidos por asalto. Carlos fue recluido por evasión de impuestos. César fue recluido por falsificación de documentos oficiales.

4. A algunos estudiantes les gusta redactar. A otros les gusta leer. A un tercer grupo le gustan las dos cosas.

5. Pedro Sahumerio fue un traidor ficticio. Benito Juárez fue un héroe de verdad. Porfirio Díaz fue un héroe vuelto dictador, aunque no sería fácil acusarlo de traición.

B. *A continuación hallará cinco proposiciones cuyas oraciones estarán coordinadas con coma. Deje solo la primera aparición del verbo y quite las restantes. Una las oraciones con punto y coma. Use la coma para indicar el lugar de los verbos suprimidos (elipsis).*

1. Los pantalones de mezclilla se lavarán en lavadora, los de lino se lavarán en seco.

2. Los estudiantes de primaria se graduarán en junio, los de secundaria se graduarán el mes siguiente.

____

____

____

3. Laila y Roberto se comprometerán cuando terminen la universidad, Nayeli y Jacobo se comprometieron el invierno pasado, Ramón y Julián se habían comprometido dos años antes que se aceptara el matrimonio entre personas del mismo sexo.

____

____

____

4. Muchas personas creen en Dios, otras creen en la astrología, unas cuantas creen solo en la ciencia.

____

____

____

5. Héctor corrió el maratón ayer, Lorena corre una carrera de cinco kilómetros hoy, Zoraida correrá una cuadra a la escuela mañana.

____

____

____

Con frecuencia se emplea la *y* entre la última y penúltima oraciones de esta clase. Cuando se opta por esta conjunción, en lugar de usar punto y coma antes de la *y*, debe usarse una coma simple. Ejemplo: *Margarita comió ensalada*, **y** *Dolores, arroz con leche*.

C. *Reelabore las proposiciones de la sección «B» de este ejercicio y use la combinación «*, **y***» en lugar de punto y coma antes de la última oración.*

1. ____

____

____

2. ____

____

____

3. ____

____

4. ______________________________

5. ______________________________

Los dos puntos

Los dos puntos [:] siempre han causado cierto descontrol en quienes desean aprender a redactar bien, y aún más en aquellos que no son conscientes de los riesgos que implican. Mas si se estudian sus seis usos con calma, realmente no debieran prestarse a ninguna confusión.

Primer uso. Se emplean los dos puntos comúnmente, por ejemplo, cuando comenzamos una carta. Se colocan después del nombre del destinatario. En otros idiomas suele usarse la coma para esta función, sobre todo en misivas informales, mas en castellano se emplean los dos puntos tanto en epístolas formales y comerciales, como en las personales e íntimas. Véase el apartado §6.2.1 de *Redacción sin dolor*, 7ª edición.

para no olvidarlo El uso de los dos puntos nunca debiera ser arbitrario. Tiene ocho usos concretos, y en dos situaciones gramaticales habría que evitarlos completamente. El mal uso de los dos puntos introduce confusión en cualquier escrito. El uso adecuado, sin embargo, lo aclara.

Ejercicio 4

Enseguida encontrará varios destinatarios e igual número de saludos. Combínelos correctamente y luego ponga los dos puntos donde deben ir.

1.	Queridos	a.	colega
2.	Estimada	b.	señor embajador
3.	Excelentísimo	c.	mamá y papá
4.	Apreciable	d.	amiga

1. ______________________________
2. ______________________________

3. ____
4. ____

Segundo uso. Este no se aplica a la redacción propiamente dicha, sino a las listas que se encuentran en carteles y anuncios. Estas mismas listas, sin embargo, cuando aparecen en cualquier escrito en prosa, obedecen a otro criterio, como practicaremos en el ejercicio 6. Véase el apartado §6.2.2 de *Redacción sin dolor*, 7ª edición.

Cuando se trata de listas en carteles o anuncios, pueden emplearse los dos puntos para anunciar los elementos.

Ejercicio 5

Coloque los dos puntos donde deben ir.

1. **Favor de traer los siguientes artículos al campamento**
Una linterna
Una bolsa de dormir
Un juego de cubiertos
Dos pares de zapatos
Un par de tenis
Tres mudas de ropa
Una caja de cerillos
Objetos de higiene personal
Diccionario de la Real Academia Española

2. **Los conceptos básicos de la redacción son**
Claridad
Precisión
Economía
Estilo
Elegancia
Expresividad
Ninguno de los mencionados hasta aquí

Tercer uso. Como puede apreciarse en el segundo ejemplo del ejercicio 5, si se trata de una lista *vertical*, es lícito emplear los dos puntos aun cuando la oración no esté completa, pero no es así cuando se trata de una enumeración dentro de una redacción en forma, sea prosa o poesía. De hecho, uno de los errores más comunes de la redacción consiste en emplear los dos puntos después de verbos transitivos o copulativos antes de una enumeración cuando esta funge como complemento directo o atributo (predicativo), en el caso de oraciones copulativas. Incluso cuando hay verbo intransitivo que requiere complemento circunstancial o uno prepositivo (que requiere complemento preposicional), no deben usarse los dos puntos aunque dichos complementos constituyan series. Véase el apartado §6.2.3 de *Redacción sin dolor*, 7ª edición.

Es importante recordar que pueden usarse dos puntos antes de una enumeración, **siempre y cuando** lo que haya antes de los dos puntos sea una *oración completa* que ya incluya su *complemento directo*, su *atributo, complemento circunstancial o preposicional*. Si la enumeración propia funge como cualquiera de estos elementos, no deben usarse los dos puntos, pues forma parte de la oración principal.

Incorrecto: Anoche compramos: el pastel, los globos y las serpentinas.
Correcto: Anoche compramos el pastel, los globos y las serpentinas.
O: Anoche compramos lo que faltaba para la fiesta: el pastel, los globos y las serpentinas.

Incorrecto: Los libros electrónicos son: baratos, ligeros y fáciles de leer.
Correcto: Los libros electrónicos son baratos, ligeros y fáciles de leer.
O: Los libros electrónicos tienen varias características: son baratos, ligeros y fáciles de leer.

Incorrecto: En vacaciones fuimos a: Nigeria, Benín y Togo.
Correcto: En vacaciones fuimos a Nigeria, Benín y Togo.
O: En vacaciones fuimos a tres países africanos: Nigeria, Benín y Togo.

Incorrecto: Estoy segura: de que te fuiste sin permiso, de que llevaste el coche de tu papá y de que regresaste después de las cuatro de la madrugada.
Correcto: Estoy segura de que te fuiste sin permiso, de que te llevaste el coche de tu papá y de que regresaste después de las cuatro de la madrugada.
O: Estoy segura de tres cosas: te fuiste sin permiso, te llevaste el coche de tu papá y regresaste después de las cuatro de la madrugada.

Ejercicio 6

Coloque los dos puntos solo donde hagan falta.

1. Cuando vengas a verme, voy a necesitar que me traigas unas tijeras, un lápiz bicolor y mucha paciencia.
2. Varias cosas van a hacerme falta unas tijeras, un lápiz bicolor y mucha paciencia.
3. Las cualidades de la mujer moderna son la inteligencia, la simpatía, la belleza y la capacidad de no hartarse demasiado pronto del marido.

4. Entre otras cosas, antes que nos casáramos, la que es ahora mi esposa me leyó la cartilla, mis derechos como hombre que ha quedado presa de sus encantos, la mente y una décima de Sor Juana Inés de la Cruz, la que no entendí para nada.
5. Después de desayunar iremos a la escuela, el salón de belleza, el gimnasio y el restaurante de tu abuelo.
6. Mis cualidades son la inteligencia, la hermosura, la honestidad, la fuerza y la modestia.
7. Tengo unas cuantas cualidades la hermosura, la honestidad, la fuerza y la modestia.
8. Diariamente Martín y Hermelinda llegan a la oficina y hablan mal de los demás el jefe, la secretaria y el policía.
9. Todos los días llegan a la oficina y ofrecen lo mejor que hay pan duro y agua de calcetín.
10. Entre sus necesidades mencionó amor, cariño, atención y un BMW.

para no olvidarlo Cuando se introduce una enumeración, solo se emplean los dos puntos cuando el complemento directo, circunstancial, preposicional o el atributo está incluido *antes*; es decir, cuando se trata de una oración completa. Lo que viene después ejemplifica o elabora el sentido de ese complemento o atributo. **Si la enumeración en sí es** el complemento o el atributo que completa la oración, **no deben usarse los dos puntos**.

EJEMPLO DEL PRIMER CASO: Mi hermano me regaló varios objetos: una foto, un plumón y las llaves del yate que guarda en Cancún.
EJEMPLO DEL SEGUNDO CASO: Mi hermano me regaló una foto, un plumón y las llaves del yate que guarda en Cancún.
(Puede ver, igualmente, los ejemplos que aparecen inmediatamente antes del ejercicio 6 de este capítulo).

Cuarto uso. Se emplean los dos puntos antes de una cita textual, también llamada *formal* o *directa*. En estos casos, se ponen los dos puntos, un espacio y luego se abren comillas [: «]. La primera letra de la cita textual se escribe con mayúscula (*Escribió Neruda: «Puedo escribir los versos más tristes[...]*). Al final de la cita se cierran las comillas y luego se pone punto (*[...]esta noche*».). Si por alguna razón se omite la primera o las primeras palabras de la cita, se encierran puntos suspensivos entre corchetes: «*[...] los versos más tristes esta noche*». Véase el apartado §6.2.5 de *Redacción sin dolor*, 7ª edición.

Esta manera de citar es en extremo formal (a pesar de que aquí se consignan un par de ejemplos chuscos o se cita algo que no fue escrito sino dicho oralmente). En el ejercicio 8 se verá cómo se puede entrecomillar una cita menos formalmente. La colocación del punto después de las comillas de cierre corresponde a las normas ortográficas establecidas en julio de 1999 por todas las Academias de la Lengua Española.[1] Ejemplo: «En su libro *Estelas / Homenajes. 1947-1979*, Ernesto Mejía Sánchez escribió: ‹Nunca he sido muy goethiano que digamos, aunque el hombre fue casi todos los hombres›».

Ejercicio 7

En las siguientes proposiciones, ponga los puntos, los dos puntos y las comillas donde deben ir. No olvide escribir la primera letra de la cita textual con mayúscula.

1. El autor lo escribió claramente el futuro ya no tiene futuro

   ____

   ____

2. En esta página leemos lo siguiente no olvide escribir la primera letra de la cita textual con mayúscula

   ____

   ____

3. Las palabras de Shakespeare son famosas está bien lo que bien acaba

   ____

   ____

4. Fíjate en todo lo que mi esposa me dijo si no llego antes de la una de la madrugada, puedes acostarte. No será necesario que me esperes

   ____

   ____

5. Memoricé sus últimas palabras antes que muriera si todos están aquí conmigo, ¿quién se quedó a cuidar la tienda?

   ____

   ____

1 *Ortografía de la lengua española*, Real Academia Española-Espasa Calpe, Madrid. 164 pp.

Cuando no se trata de citas directas, formales o textuales, sino apenas de una serie de palabras entrecomilladas, sean citas exactas o palabras con sentido figurado, irónico o sarcástico, no se usan los dos puntos, y si las comillas que cierran vienen al final de la proposición, el punto va después de las ellas: (*...dijo que este era «el punto final».*). Asimismo, la coma siempre va fuera de las comillas: (*«la coma va fuera»*,). Véase el uso de las comillas en el capítulo 7 de *Redacción sin dolor*, 7ª edición, o aquí mismo.

Ejercicio 8

Ponga las comillas, las comas y los puntos en su lugar.

1. Dijo su novio que estaba trabajando hasta altas horas de la madrugada, pero no le creo

   ____

   ____

2. Cuando dijo no me esperes jamás pensé que no volvería nunca

   ____

   ____

3. Mi prima dice que mueve bigote en lugar de usar el verbo comer

   ____

   ____

4. A la tierra que fueres, haz lo que vieres es mi dicho preferido

   ____

   ____

5. Todos los cuentos de Roberta terminan con las palabras ...y vivieron en la más vil miseria para siempre

   ____

   ____

Quinto uso. Los dos puntos pueden emplearse para anunciar alguna conclusión, determinación o consecuencia. En estos casos se establece una relación de causa y efecto. Cuando lo hacemos así, suele ser mayor el impacto. Véase el apartado §6.2.6 de *Redacción sin dolor*, 7ª edición.

Ejercicio 9

Replantee las siguientes proposiciones empleando los dos puntos.

EJEMPLO: Hay que romper el compromiso porque está claro que ella no me ama. • Es necesario romper el compromiso: ella no me ama. *O:* Ella no me ama: es necesario romper el compromiso.

1. Salgamos de la ciudad porque ya no aguanto más.

   ____

   ____

2. Terminemos de una buena vez porque ya es tarde.

   ____

   ____

3. Como te conozco muy bien, no es necesario que me lo digas.

   ____

   ____

4. Los seres humanos no inventan las obras de arte porque son las obras de arte.

   ____

   ____

5. Ahora sí es agradable asistir al cine, ya que no se permite fumar en las salas.

   ____

   ____

Sexto uso. Después de algunos giros o frases hechas suelen emplearse los dos puntos. Casi siempre se hace para introducir un juicio o sentencia. No se requiere necesariamente que sea una oración completa antes de los dos puntos. Véase el apartado §6.2.7 de *Redacción sin dolor*, 7ª edición.

para no olvidarlo La frase «como son», seguida de dos puntos, es común en el lenguaje burocrático, mas debería evitarse en la buena redacción (véase la sección §6.2.4 de *Redacción sin dolor*, 7ª edición). Estrictamente hablando, no es *incorrecto* usar la frase de marras porque el complemento directo o el atributo (cuando se trata de oraciones de predicado nominal) suele hallarse antes del verbo *son* («tres cosas» en el ejemplo que a continuación se ofrece). Sin embargo, resulta muy fácil evitar el «como son», como se verá enseguida:

LENGUAJE BUROCRÁTICO: *De ahora en adelante se requerirán tres cualidades, como son: integridad, honestidad, inteligencia.*
LENGUAJE DIRECTO: *De ahora en adelante se requerirán tres cualidades: integridad, honestidad, inteligencia.*

Ejercicio 10

Coloque los dos puntos donde hagan falta.

1. En otras palabras ya no quiero que me quieras. No seas necia.

2. Es más sácate de aquí porque no quiero volver a verte.

3. Que quede muy claro nadie está por encima de la ley.

4. Lo dijo sin ambages esa película ganará por lo menos cinco Oscares.

5. Al contrario quiero que seas mi esposa.

para no olvidarlo Hay ocho usos concretos de los dos puntos. Estos son:

1. al inicio de una carta, después del saludo
2. para introducir una lista vertical (como esta); es decir, cuando se trata de carteles o anuncios (no una redacción propiamente dicha)
3. para introducir una enumeración, cuando el complemento necesario o el atributo viene antes
4. en una cita textual formal, o directa
5. para anunciar una conclusión
6. para anunciar una determinación
7. para anunciar una consecuencia
8. después de algunos giros o frases hechas

Capítulo 7

Los puntos suspensivos [...],
los signos de interrogación [¿ ?] y
de admiración [¡ !], la raya [—],
los paréntesis [( )], los corchetes ([ ]),
el guion [-] y las comillas [" ", « », ' ', ‹ ›];
además, algunas reglas
para usar las mayúsculas

En este capítulo se ofrecen ejercicios sencillos para dominar el uso de los demás signos de puntuación. A pesar de que su empleo no resulta tan complicado como el del punto, la coma, el punto y coma y los dos puntos, ninguna redacción puede considerarse *correcta* o siquiera *adecuada* si estos signos no se usan debidamente.

LOS CUATRO USOS DE LOS PUNTOS SUSPENSIVOS

1. Para indicar que una enumeración podría continuar (véase el apartado §7.1.1 de *Redacción sin dolor*, 7ª edición)
2. Cuando se deja una frase célebre incompleta, cuando una oración es interrumpida o cuando se cita solo parte del título de alguna obra [§7.1.2]
3. Cuando se cita solo la primera parte de un planteamiento bipartita [§7.1.3]
4. En algunos casos, para anticipar una ironía, sorpresa o un momento dramático (no se debe abusar de este recurso, como es común en la escritura *cursi*) [§7.1.4]

Los puntos suspensivos se emplean para indicar que una enumeración podría continuar, pero que se prefiere interrumpirla y dejar que los demás elementos sean adivinados por el lector. O tal vez no resulte muy importante enumerar cada uno de ellos.

Ejercicio 1

En las siguientes proposiciones se indica de qué tipo de enumeración se trata. Escriba cada una de las proposiciones con la enumeración al final, seguida de los puntos suspensivos. Ponga por lo menos tres elementos. Recuerde que no se emplean dos puntos antes de enumeraciones a menos que la oración anterior esté completa. (Véase el ejercicio 6 del capítulo 6 de este Cuaderno de ejercicios... *y el apartado §6.2.3 de* Redacción sin dolor, *7ª edición).*

EJEMPLO: • De entre todas las frutas, las que más me gusta comer son *[frutas tropicales]*
RESPUESTA: • De entre todas las frutas, las que más me gusta comer son la papaya, el kiwi, la guanábana, el tejocote...

1. Fuimos a varias ciudades de Europa, entre ellas *[ciudades europeas]*

2. Mis películas favoritas son *[títulos de películas]*

3. Entre mis grupos musicales favoritos se incluyen *[nombres de grupos musicales]*

4. Antes de las seis de la tarde tienes que *[quehaceres domésticos]*

5. Los fondos desviados del erario se destinaron a *[negocios y actividades ilícitas]*

Ejercicio 2

Acorte las siguientes proposiciones usando los puntos suspensivos.

EJEMPLO: Ni tanto que queme al santo ni tan poco que no lo alumbre.
RESPUESTA: Ni tanto que queme al santo...

1. No hay mal que por bien no venga.

   ___

2. Quien a buen árbol se arrima, buena sombra lo cobija.

   ___

3. Acabo de leer *La increíble y triste historia de la cándida Eréndida y su abuela desalmada*.

   ___

4. Dime con quién andas y te diré quién eres.

   ___

5. En boca cerrada no entran moscas.

   ___

6. A la tierra que fueres, haz lo que vieres.

   ___

Ejercicio 3

Acorte, mediante los puntos suspensivos, las siguientes oraciones bipartitas, o cuyos finales puedan deducirse de sus primeras partes.

EJEMPLO: Si no llegas a las doce de la noche, te voy a acusar con mi mamá.
RESPUESTA: Si no llegas a las doce de la noche...

1. Ni con un millón de dólares podría comprar su cariño.

   ___

2. Si tan solo me quisieras, podría ofrecerte el mundo.

   ___

3. Me tiene sin cuidado si no publica mi libro, pues hay 15 editoriales que desean hacerlo.

   ___

4. ¡Está tan pero tan acabado que parece una momia de Guanajuato!

   ___

5. Si Dios me concede la gracia de salir vivo de esta aventura, prometo nunca más comerme 125 tacos con chile habanero en menos de cinco minutos.

   ___

Ejercicio 4

Cada una de las siguientes proposiciones incluye alguna ironía, sarcasmo o mensaje que debe entenderse como dramático. Emplee los puntos suspensivos antes del elemento irónico o sarcástico o de aquello donde deseamos introducir suspenso para indicar estas intenciones.

EJEMPLOS:

- Me rogó de rodillas, lloró a grito pelado y me pidió que le concediera el divorcio.
- El candidato, después de hablar durante hora y media, prometió ser breve.

RESPUESTAS: • Me rogó de rodillas, lloró a grito pelado y me pidió que le concediera... el divorcio. • El candidato, después de hablar durante hora y media, prometió ser... breve. O: El candidato, después de hablar durante hora y media, prometió... ser breve.

1. ¡Me causó tanto dolor que no sé si pueda perdonarlo!

2. Es tan tonto pero tan tonto que parece inteligente.

3. Me miró suplicante, con grandes ojos tristes y llenos de lágrimas antes de callar para siempre.

4. Ese político de veras me sorprendería si dijera algo comprensible.

5. ¡No me abandones, no me abandones, no me abandones!

Ejercicio 5

Coloque los signos de interrogación y de exclamación donde usted considere que deben ir. Las preguntas o exclamaciones no tienen que empezar necesariamente al principio de la proposición. Si se desea indicar duda o que no está disponible algún dato, solo se emplea el signo de cerrar.

EJEMPLO: Pablo Vázquez (?-1345) no hizo nada notable durante toda su vida.

Para estudiar más sobre los signos de interrogación y de exclamación, vaya al apartado §7.2 de *Redacción sin dolor*, 7ª edición.

1. A qué hora vamos a comer
____
2. Eso lo entiendo, pero por qué no quieres casarte conmigo
____
3. Enhorabuena
____
4. Y cuando se sentó, me miró y... me dijo que se había sacado la lotería
____
5. Qué, ya no quieres salir conmigo
____
6. Que ya no quieres salir conmigo
____
7. Qué Ya no quieres salir conmigo
____
8. Están atacando los marcianos, pero prefiero ver la televisión
____
9. A estas horas el día de mañana estaré lejos de aquí
____
10. Dime una cosa: cuándo se te ocurrió que sabías todas las respuestas
____

Acerca de los signos de interrogación

Un problema común que surge con el uso de los signos de interrogación tiene que ver con la palabra *qué* cuando se usa al principio de la proposición. A veces se emplea para hacer una pregunta directamente: *¿Qué hora es?* O bien, *¿qué vas a hacer hoy?* En otras ocasiones, la palabra *qué* es una pregunta en sí que se antepone a otra, como en estos casos: *¿Qué, nos acompañas o te quedas?* Es como si dijéramos: *¿Entonces qué? ¿Nos acompañas o te quedas?*

Así se ve claramente que se trata de dos preguntas, y hay dos maneras de puntuar estas proposiciones. La primera: se abre la interrogación y se pone una coma después de la palabra *qué*, para posteriormente seguir con la interrogación principal. La segunda: se encierra la palabra *qué* entre signos de interrogación y, enseguida, se vuelve a abrir la segunda interrogación en una proposición aparte, como sigue: *¿Qué? ¿Nos acompañas o te quedas?*

Lo que no debe hacerse es plantear estas dos interrogaciones en una sola proposición sin coma después de la palabra *qué*, como en este ejemplo que *no* debe seguirse: *¿Qué nos acompañas o te quedas?* Fíjese que no es lo mismo decir *¿Qué, no quieres decirme?* que *¿Qué no quieres decirme?* En el primer caso se pregunta si la persona desea callarse alguna información, mientras que en el segundo se pregunta directamente cuál es aquella información que no desea decir. Este es un error muy común en la redacción cotidiana.

Ejercicio 6

Coloque los signos de interrogación donde deben ir en las siguientes proposiciones. Hay más de una manera de resolver este ejercicio.

1. Qué piensas atacarme
2. Qué es lo que pensabas aclararme
3. Qué mi amor no te es suficiente
4. Qué no van a tocar su canción más popular en el concierto
5. Entonces, qué creen que son el último grito de la moda
6. Y tú qué no piensas entrarle
7. Qué no quieres prestarme
8. Qué no le gusta mi sopa
9. Qué pretendes robarme
10. Entonces, qué encontraste lo que buscabas

Acerca de las comas, las rayas (guiones largos), los paréntesis y los corchetes para aislar información parentética dentro de una proposición

Como ya hemos visto, cuando usamos comas para separar información parentética, se trata de información cercana, aunque prescindible, a la idea principal expresada en la proposición. Se emplean los guiones largos —también llamados *rayas*— de manera parecida, solo que al hacerlo damos a entender que esa información está un poco más alejada de la idea principal. También son útiles cuando dentro de ese paréntesis existe otro paréntesis, que se aislaría con una o dos comas, según su posicionamiento dentro del paréntesis mayor. Fíjese en estos dos ejemplos:

> En la política real —a diferencia de lo que ocurre en la teoría, que es otra cuestión por completo— no puede soslayarse el factor económico.

> Vio que se había cortado el dorso de la mano izquierda —no lograba recordar, por más que lo intentó, cómo esto pudo haber ocurrido— y la envolvió en el pañuelo que Constanza le había regalado.

Estos guiones también se emplean muchas veces cuando ya se han usado comas con algún otro propósito en el enunciado (serie, vocativo, antes de la conjunción *pero*...), y lo parentético está en medio. Observe los siguientes ejemplos:

> Quiero comprar fruta, yogurt —natural, de preferencia—, crema ácida para batir y gelatina en polvo para preparar una receta que acabo de encontrar en internet.

> Julieta, te he pedido —al menos unas mil veces— que levantes tus trastes y los lleves a la cocina después de comer.

> Yo no quise hacerlo, pero —como todo el mundo sabe— hay cosas ante las que una mujer inteligente no debe vacilar.

En los ejemplos anteriores, también pudieron usarse los paréntesis, pero uno siente que la información parentética incluida no está tan alejada ideológicamente de aquello que explican como para requerirlos, pues los paréntesis [(...)] se usan para incluir información aun más alejada. Para entender qué tan alejada, digamos que podría haberse incluido en una nota al pie de página (hay, incluso, muchas maneras diferentes de consignar notas al texto, como este que va entre paréntesis).

Los corchetes son otra clase de paréntesis. Se usan y se comportan como los redondos. [Si se desea usar paréntesis dentro de paréntesis (como en esta proposición), los de afuera serían corchetes o *paréntesis cuadrados*]. También existen los corchetes franceses { }, y se emplearían dentro de los paréntesis comunes. Para mayores detalles, véase el apartado §7.3 de *Redacción sin dolor*, 7ª edición.

Ejercicio 7

Las siguientes proposiciones incluyen frases u oraciones parentéticas que deben encerrarse entre comas. Colóquelas donde deben ir. Recuerde que si la información parentética viene al final de la proposición, solo se usa una coma después de la idea principal y antes de la parentética.

EJEMPLO: Así se va a hacer, aunque no te guste.

1. Dime ahora que lo pienso dónde dejaste las llaves.

2. En la ciudad de Acapulco Guerrero hay entre la población nativa mucha pobreza.

3. París la Ciudad Luz celebró la llegada del Año Nuevo con un espectáculo pirotécnico impresionante.

4. El otro día sin pensarlo siquiera empecé a dibujar un retrato de mi primera novia.

5. Le gusto mucho aunque solo lo reconoce cuando está borracho.

En español —a diferencia del francés e inglés— se recomienda que en la prosa discursiva los guiones largos solo se empleen por parejas, igual que los paréntesis y corchetes, para abrir y cerrar.[1] De este modo, si el redactor desea terminar una proposición con una frase u oración parentética, debe usar la coma o el paréntesis, según lo que mejor convenga a su escrito.

Ejercicio 8

Las siguientes proposiciones también incluyen información parentética, pero se aleja un poco más de las ideas principales. Encierre entre guiones largos —o rayas, porque también se llaman así— esta información.

1. Encierre entre rayas o guiones largos, porque también se llaman así esta información.

   ____

   ____

2. En español a diferencia del francés e inglés estos guiones largos solo se emplean por parejas.

   ____

   ____

3. Le afirmó con la modestia que lo caracteriza que era el mejor barítono del mundo.

   ____

   ____

4. Esas pilas no me importa lo que diga la competencia duran más de cinco años.

   ____

   ____

5. Cuando esta computadora sea obsoleta es decir, dentro de dos años compraremos otra.

   ____

   ____

---

1 Aunque las Academias de la Lengua Española ya permiten que se empleen las rayas (o *guiones largos*) a la usanza de aquellos países, aquí recomendamos que se resista a esta tentación, pues puede provocar confusiones, sobre todo si la prosa es narrativa y se emplean rayas de diálogo y acotación, las cuales obedecen a otras reglas y pueden emplearse aisladamente o en parejas. Véase el ejercicio 9.

Los guiones largos —o rayas— también sirven para escribir diálogos en textos narrativos. Cada vez que cambia la voz, se sangra el parlamento. Cuando el autor introduce una acotación, la cual interrumpe el discurso del personaje, esta va entre rayas (como el paréntesis que es).

Lea este intercambio dialogado que proviene del libro *No consta en archivos*, del escritor mexicano Mauricio-José Schwarz [Editorial Colibrí, 1999, 232 pp.], y fíjese en cómo las rayas se emplean para abrir cada parlamento y para encerrar las acotaciones. Cuando no vuelve a hablar el personaje, el párrafo termina con punto; no se pone la segunda raya que sí se coloca cuando el personaje continúa su discurso.

> Yolanda movió a Servando para despertarlo. Él no lo agradeció. Tenía el cuello torcido, la espalda adolorida y los pies helados.
>
> —¿Qué pasa?
>
> —Nada. Ya es de día —anunció Yolanda—. ¿Quieres una torta?
>
> Servando alzó la mano para recibir la torta de pierna y la cocacola que le ofrecía Yolanda.
>
> —De plano los Datsuns no se hicieron para dormir en ellos —dijo Servando—. Y yo no dormía en un coche desde hacía veinte años. ¿Hubo algo?
>
> Yolanda negó con la cabeza mientras masticaba.
>
> —¿No te da asco una torta de milanesa helada? —preguntó Servando.
>
> —Espérate a que pruebes la de pierna. Quedó como tasajo —dijo Yolanda, entre el bocado.

Ejercicio 9

Coloque usted los guiones de diálogo en sus lugares correspondientes dentro de esta conversación que podría figurar en algún cuento o novela.

> Esta computadora no sirve dijo Efrén, con un gesto de exasperación . Ni sé por qué me la mandaron.
>
> A caballo regalado no se le mira el diente contestó Eloísa, con una sonrisa de satisfacción en los labios .
>
> ¿No que muy bueno para los aparatos?
>
> Depende de qué aparatos estés hablando...
>
> No quieras pasarte de listo conmigo lo interrumpió . Mejor dedícate a echar a andar la máquina. Creo que no has conectado el monitor. Eso es todo Efrén se la quedó viendo con cara de *trágame, tierra.*

para no olvidarlo Los signos de interrogación y de exclamación siempre se emplean por parejas: se abren y se cierran. Los guiones largos y los paréntesis también se abren y se cierran. No se considera buen estilo emplear el guion largo para aislar una frase u oración parentética al final de una proposición, a menos que se trate de una acotación en un diálogo dentro de un texto narrativo.

Acerca de los guiones cortos

Los guiones cortos se usan para separar, entre dos de sus sílabas, una palabra al final de un renglón cuando aún no ha terminado una proposición. También se emplean para unir dos palabras en una construcción compuesta, sobre todo cuando se trata de un neologismo, como podría serlo *ciber-economía*. Cuando términos de esta naturaleza empiezan a usarse con frecuencia, como *socioeconómico*, tienden a perder este guion. El tercer uso del guion corto es para indicar contraposición, como en estas construcciones: *la guerra hispano-americana*, el conflicto *árabe-israelí*. Si no existiera esta contraposición, sino una convergencia, se eliminaría este guion, como ocurre aquí: *el convenio de cooperación hispanoamericana*.

Acerca de las comillas

Existen diferentes clases de comillas. Las redondas dobles [**«...»**], las redondas simples [**'...'**], las francesas dobles [«...»] y las francesas simples [‹...›]. En América suelen usarse las redondas, mientras que en España se prefieren las francesas.

Usos (véase el apartado §7.4 de *Redacción sin dolor*, 7ª edición):

1. Se usan las comillas para citar las partes de las obras mayores, como el título de un cuento, poema, capítulo de un libro o una obra de arte visual (pintura, grabado, litografía, etcétera). Nunca para una tienda, una secretaría de Estado o ministerio, un departamento u otra entidad burocrática u organismo no gubernamental, ni para «dar énfasis»:

    - Acabo de leer «Los amorosos» de Jaime Sabines.
    - Lucrecia me recomendó el cuento «Diles que no me maten» de Juan Rulfo.

- El capítulo XIX de *Las aventuras de Huckleberry Finn*, «El duque y el delfín suben a bordo», introduce otra vertiente de la picaresca norteamericana.

2. Las comillas se emplean para citas textuales. Si hay una cita dentro de otra cita, se emplean las comillas simples para la segunda:

- Lo dijo claramente: «Nadie debe salir antes de las ocho de la mañana».
- Mi parlamento favorito de la obra es este: «Cuando gritó ‘¡Alto! ¿Quién vive?’, me quedé petrificado».

3. Las comillas pueden usarse para indicar que una palabra se usa de modo irónico o sarcástico, o para indicar al lector que debe entender que no está empleándose con el sentido que generalmente posee.
   —Aquí vienen los «genios» —comentó Samantha cuando vio a Andrés y Sebastián, quienes repetían segundo de secundaria por tercera ocasión.

4. El redactor también puede emplearlas para referirse a una palabra como tal —abstractamente—, a un neologismo, un tecnicismo o una palabra extranjera.

- Cada vez que usa la palabra «implementar» me dan ganas de volver el estómago.
- «Evento» por aquí, «evento» por allá... ¡Me choca cuando para todo se usa la palabra «evento»!
- Cuando ando en la «blogósfera» me dan ganas de chatear con mi papá para contarle todos los absurdos que encuentro. (*Blogósfera* es un neologismo aún no aceptado por la Academia, como sí ha sucedido con *chatear*, que en una proposición donde se emplee de manera natural no necesitará resalte alguno: ni cursivas ni comillas).
- Helena, por favor *dame pie* para que pueda yo retomar el parlamento.
- ¡Me choca hacer *check in* y *check out* cuando me hospedo en hoteles!

A partir de las nuevas normas ortográficas de diciembre de 2010, los apodos ya no deben entrecomillarse ni escribirse en letra cursiva, sino únicamente con las mayúsculas que se usarían si fueran nombres propios de personas o mascotas. Hay a esta regla una sola excepción: cuando el apodo va entre el nombre de pila y el apellido de una persona, como es el caso de Ernesto *Che* Guevara, Javier *Chicharito* Hernández o José Ángel *Mantequilla* Nápoles.

Por otro lado, muchos redactores ya emplean cursivas —también llamadas *itálicas* o *bastardillas*— en este caso y para los usos 3 y 4, como se verá más adelante.

Ejercicio 10

En las siguientes proposiciones, entrecomille las palabras según las reglas que aquí se han visto.

1. El segundo capítulo, Del feudalismo al capitalismo, es de suma importancia.

____

____

2. El libro que publicó solo tiene 16 páginas.

____

____

3. ¿Qué, invitaste al Tribilín?

____

____

4. Nos dejaron leer El almohadón de plumas de Horacio Quiroga.

____

____

5. Volvieron a atrapar a Joaquín Chapo Guzmán.

____

____

6. A Juan se lo planteó con todas sus letras: O cumples con las tareas o repruebas.

____

____

7. ¡Mira cómo trabajan esos flojonazos!

____

____

8. Les gritó ¡no se dejen de estos sinvergüenzas! antes que se lo llevaran a los separos.

9. No me vengas con eso de ¡Ay, necesito más tiempo! cada vez que vengo a cobrarte, imbécil, le dijo el hampón antes de retirarse con su anillo de bodas, con todo y dedo adentro.

10. Para muchos fue una inspiración la manera como Fernando Toro Valenzuela lanzaba en las ligas mayores.

11. Usar la palabra güey a cada rato en la conversación no solo indica inseguridad sino también vulgaridad, una grave falta de léxico y, sobre todo, de imaginación.

12. Los ladrones pasaron báscula a todos los pasajeros antes de retirarse y repartir su botín con los policías que los esperaban.

Acerca de las cursivas, itálicas o bastardillas

Cuando se usa máquina de escribir, o cuando se escribe a mano, se subraya lo que tipográficamente aparecería en letra cursiva. Cualquier procesador de palabras, sin embargo, es capaz de desplegar cursivas, y en estos casos deben emplearse.

Usos:

1. Las letras cursivas, o itálicas (también llamadas *bastardillas*), se emplean para citar el título de un libro, una película, una ópera, un *ballet*, una exposición pictórica, una sinfonía u otra obra musical de mayor

envergadura. Nota: Los títulos de los textos sagrados, que no tienen autor reconocido, suelen escribirse en letras normales (también llamadas *redondas*): «Leo la Biblia desde los seis años. También el Corán»).

- *El décimo infierno*, de Mempo Giardinelli, me horrorizó de principio a fin, como debe ser.
- La sinfonía de Beethoven que más me gusta es la *Heroica*.
- ¿Ya fuiste a ver *Arte y Revolución*?
- Algunos prefieren *El amor en los tiempos del cólera* a *Cien años de soledad*.
- Ninguna película ha desbancado a *Casablanca*.
- Debutó en *Tosca* hace ya 30 años.

2. Las cursivas se emplean para dar énfasis a una palabra, frase u oración. (Cuando dentro de una de estas hay una palabra que requiere cursivas, se escribe con letra redonda para que se diferencie de la cursiva).

- No digo que *nadie* sepa quién lo hizo, pero hasta ahora no ha habido ninguna denuncia específica.
- De entre todas las palabras que pudo haber empleado, fue precisamente *esa* la que usó.
- ¡No me preguntes *cuándo* sino *dónde*!
- A nosotros no nos gusta el *ai se va*.
- A él *y a nadie más* le importa si lo acepta o lo rechaza.
- Pienso ponerle a mi novela algo así como *A mí ningún* fresa *me viene con cuentos*.

3. Las cursivas se emplean para indicar que una palabra es extranjera (o que aún no ha sido universalmente aceptada como vocablo castellano).

- Se habla mucho del *performance*, pero no estoy seguro de su significado.
- El *laissez faire* sigue siendo la actitud oficial cuando se trata de la banca.
- Me choca cuando los novelistas emplean el recurso del *deus ex machina* cuando no saben cómo resolver sus historias.

4. Cuando un neologismo, tecnicismo o frase en caló se emplea por primera vez en un escrito, suele escribirse con letra cursiva. Posteriormente puede usarse letra redonda.

    - Primero explicó por qué es necesario usar *galletas* que graben la información del usuario, pero también dijo por qué sería antiético pasar estas galletas a terceros.
    - Los *chavos banda* fueron todo un fenómeno en los 80, pero ahora son los que escuchan *narcocorridos* quienes quitan el sueño a las autoridades.
    - Esas *rolas* me *laten* un *resto*, pero las otras, bueno..., *dos tres*.

5. Algunos escritores, dentro de un discurso propiamente literario, prefieren usar —en lugar de guiones de diálogo o comillas de citar— letras cursivas para indicar que alguien habla en voz alta. Se trata de un recurso estilístico que se reserva para quienes ya tienen cierta pericia narrativa.

    - Ya habían dado las tres de la mañana cuando por fin entró. *Ya levántense, animales,* escupió entre dientes, con franca arrogancia. *Parecen neandertales.* Nadie se movió. Nadie tuvo el valor.

6. Como se vio en el ejercicio 10, los usos 3 y 4 de las comillas también pueden aplicarse a las cursivas.

    - —Aquí vienen los *genios* —comentó Samantha cuando vio a Andrés y Sebastián, quienes repetían segundo de secundaria por tercera ocasión.
    - Cada vez que usa la palabra *implementar* me dan ganas de volver el estómago.
    - *Evento* por aquí, *evento* por allá.... ¡Me choca cuando para todo se usa la palabra *evento*!

(Nota: se prefiere cada vez más el uso de la letra cursiva en estos casos).

Ejercicio 11

En las siguientes proposiciones, subraye las palabras que aparecerían tipográficamente en letra cursiva. Encierre entre comillas las palabras que las requieren.

1. Mi cuento favorito de El llano en llamas es El llano en llamas.

2. Algunos dicen que Cervantes no habría podido escribir El ingenioso hidalgo don Quijote de la Mancha si no hubiera conocido el Corán o la literatura árabe.

3. ¿Por qué invitaste al Tuercas a esta fiesta?

4. Su libro se titula La triste historia del affaire Tijuana.

5. Antes de morir, lo dijo: Yo solo a ti te he querido.

6. ¿Ya leíste la obra maestra de ese genio? Es infumable: no pude pasar de la página 10.

7. No me digas que el Rabias viene leyendo Piedra de sol. ¡Chale! ¿Cuándo se volvió nerd?

8. Términos y frases como masturbación o control de la natalidad provocan escozor en los sectores más conservadores de la sociedad.

9. Estaba leyendo Veinte poemas de amor y una canción desesperada cuando el Che Azteca llegó para anunciarnos que se había petateado el Blue Demon mientras resolvía los ejercicios de Redacción sin dolor.

10. La palabra ácido puede referirse tanto a sustancias químicas como a las actitudes de las personas. Por eso, cuando dijo su ácido lloriqueo me quema la conciencia, lo entendí perfectamente.

11. ¿Sabes cómo me llamó, a mí, de entre todos? ¡Me llamó incompetente!

12. Siempre me quiere invitar un drink antes de darme un ride a mi house, el cretino.

Con comillas y paréntesis, ¿dónde va el punto, adentro o afuera?

En la *Ortografía de la lengua española*, publicada en 1999, las diversas academias nacionales de América Latina y España se pronunciaron claramente, por primera vez, acerca del orden de las comillas respecto del punto, y del punto respecto de los paréntesis y de los signos de interrogación y exclamación cuando estos se encierran entre comillas. Estas normas contravienen algunas de las costumbres tradicionales, pero habría que decir en su favor que son muchísimo más sencillas, y por eso deberían adoptarse universalmente y sin mayor demora a fin de eliminar el caos que ha predominado recientemente en libros, revistas y periódicos.

Antes de 1999, la norma tipográfica había dictado que si una proposición se iniciaba con comillas, también terminaba con comillas; es decir, el punto venía primero y luego las comillas. Esto se aplicaba también a las citas directas o textuales.

Norma antigua:

- «Quien a buen árbol se arrima, buena sombra lo cobija.»
- Por eso, con toda calma pidió: «Que me saquen de este pozo antes que me acaben las víboras.»

Sin embargo, según las nuevas normas, el punto *siempre* va fuera de las comillas, sin importar la clase de cita.

Norma actual:

- «Quien a buen árbol se arrima, buena sombra lo cobija».
- Por eso, con toda calma pidió: «Que me saquen de este pozo antes que me acaben las víboras».

De manera parecida, según la norma antigua el punto iba dentro de los paréntesis cuando la proposición se iniciaba con paréntesis, e iba fuera cuando se iniciaba con letra mayúscula. Ahora va afuera siempre, sin falta.

Norma antigua:

- (Siempre llega tarde porque así lo ha querido, supongo.)
- Siempre llega tarde (porque así lo ha querido, supongo).

Norma actual:

- (Siempre llega tarde porque así lo ha querido, supongo).
- Siempre llega tarde (porque así lo ha querido, supongo).

Lo que más extraño parecerá a quienes se habían acostumbrado a la norma tipográfica antigua será, sin duda, la exigencia de colocar un punto fuera de un entrecomillado que incluye signo de interrogación, de exclamación o puntos suspensivos, pero como reza el dicho: «¡A todo puede uno acostumbrarse, menos a no comer!».

Norma antigua:

- Después lo dijo: «¡Este llegó para quedarse!»
- «¡Francamente, no me importa!»
- «¿Será verdad lo que dijo?»
- «En secreto, todo el mundo dice que es un tirano malvado...»

Norma actual:

- Después lo dijo: «¡Este llegó para quedarse!».
- «¡Francamente, no me importa!».
- «¿Será verdad lo que dijo?».
- «En secreto, todo el mundo dice que es un tirano malvado...».

Ejercicio 12

Coloque, en cada una de las siguientes proposiciones, el punto donde debe ir según la norma actual.

1. Lo dijo el sabio: «Una cosa es una cosa, y otra cosa es otra cosa»

   ____

   ____

2. «¡Ve tú a saberlo!»

3. (Nunca llegué a entender a ese señor)

4. Por eso me preguntó: «¿A qué hora vamos a comer?»

5. «Hasta la vista, *Baby*»

Acerca de las mayúsculas y las minúsculas

En castellano solo se escribe con mayúscula la primera letra de la primera palabra al principio de una proposición o de una cita directa (después de dos puntos [:]), la primera letra de la primera palabra de un título, o de los nombres propios de personas o lugares. Todo adjetivo se escribe con minúscula, aunque se trate de religiones o nacionalidades. Ciertas palabras adquieren otro matiz cuando se escriben con mayúscula, como Iglesia (la institución, no el edificio), Estado (país, no entidad federativa), Gobierno (cuando se trata de entidades, organismos o instituciones, y no como sustantivo común) y Derecho (la materia legal, no la descripción de algo que simplemente no está chueco).

- El traductor Ricardo Silva-Santisteban, de Perú, reunió sus trabajos en *El ciervo en la fuente*.
- A la Iglesia católica no le gustan esas actitudes.
- Ningún francés aceptaría comer una hamburguesa, a menos que sea francesa.

Según nuestro autor: «En castellano solo se escribe con mayúscula la primera letra de la primera palabra al principio de una proposición o de una cita directa».

- *México en la obra de Octavio Paz* ya ha visto varias ediciones.
- El cuento de Poe que más me gusta es «El corazón delator».

Esto se aplica a los títulos de libros, cuentos, poemas, sinfonías, óperas, etcétera. Donde varía es en los *nombres propios* de revistas y periódicos. Aquí priva otro criterio: se escriben con mayúscula todas las palabras que no sean artículos, conjunciones o preposiciones, a menos que el nombre propio se inicie con alguna de estas palabras:

- Mi hermano va a fundar el periódico *La Voz de la Tarde*.
- Se suscribió a la revista *De Amor y Odio*.
- Criticó acerbamente el periódico deportivo *Ni Pichan ni Cachan ni Dejan Batear*.
- ¿Tú compras esa revista que se llama *Casa del Tiempo*?

Por otro lado, los nombres de los días y los meses siempre se escriben con minúscula, a menos que con ellos se inicie una proposición, por supuesto:

- Me llegó su carta en junio.
- «Junio me dio la voz», escribió Carlos Pellicer.
- No sé si me voy el lunes o el martes.
- Miércoles no es buen día para mí.
- Cada diciembre llegan todos desde Asunción.

En cuanto a los grados académicos y profesiones, ambos van *siempre* en minúsculas, a menos que con estos empiece la proposición:

- Licenciado me volví, y en maestro quiero convertirme.
- La arquitecta no podrá atenderlo hoy.
- El antropólogo forense vendrá en un momento.
- Su novia es doctora en Letras Clásicas.

Lo mismo sucede con los títulos y cargos de dignidad (de presidente y equivalentes jerárquicos), pero estos llevaban mayúscula (antes de diciembre de 2010) solo cuando el nombre de la persona no estaba. Ahora, en todos los casos se escriben con minúscula inicial, a menos —claro— que con ellos empiece la proposición:[2]

2 La *Ortografía de la lengua española* incluye esta observación que solo se aplica en casos donde es importante el protocolo diplomático: «Para aquellas fórmulas honoríficas correspondientes a las más altas dignidades en el tratamiento protocolario (*su santidad, su majestad, su excelencia*...), la mayúscula inicial es admisible —aunque no obligada— solo

- El rey de España abdicó al trono.
- El primer ministro Boris Johnson no siempre está de acuerdo con la reina.
- El papa Francisco pidió por la paz en México.
- El papa pidió por la paz en México.
- La vicepresidente actual de Argentina se llama Cristina Fernández de Kirchner, quien fue presidente de esa nación de 2007 a 2015.
- Cónsul, pase por aquí por favor.

Ejercicio 13

Use mayúsculas solo donde se debe en las siguientes proposiciones:

1. quien pega primero, pega dos veces, sobre todo en sábado.
2. siempre leo la prensa cuando no hay ningún otro periódico.
3. el nombre de la rosa fue el libro más vendido en septiembre.
4. ya llegó el licenciado godínez con el secretario pérez, quienes recibirán al general, el cual ahora es gobernador del estado.
5. le dije a pedro que el jueves sería buen día para leer «casa tomada».
6. este papa me simpatiza, pero el rey lo ofendió cuando le preguntó si de veras era católico.

---

si el tratamiento no va seguido del nombre propio de la persona a la que se refiere: *La recepción a Su Santidad será en el palacio arzobispal*; pero, si se acompaña del nombre propio, es obligada la minúscula: *Esperamos la visita de su santidad Benedicto XVI*».

7. no me queda ninguna duda después de leer esta sentencia: «pues quién sabe, tal vez, a lo mejor, puede ser».

8. ¡nunca en domingo, aunque lo pasen en *siempre en domingo*!

9. en asunción, paraguay, muchos hablan guaraní, incluso los judíos, musulmanes e hindúes con tendencias marxistas-leninistas.

10. en colombia los peruanos comen comida mexicana todos los días de marzo cuando le conviene a la iglesia mormona, siempre y cuando estén leyendo el padrino, lo cual dice mucho del estado de derecho.

Capítulo 8

Acentuación

Preámbulo necesario

Es muy importante comprender que la acentuación está íntimamente relacionada con la pronunciación de las palabras. Hay que darse tiempo para escuchar con detenimiento cómo suena la palabra de cuya acentuación tenemos duda. Ese es el primer paso, pues la colocación de tildes (o *acentos ortográficos*, que para los fines de este capítulo son sinónimos) no tiene nada que ver con memorizar fotográficamente cómo se escriben las palabras. ¡Es mucho más sencillo que eso!

La cuestión está en que todas las palabras que constan de más de una sílaba tienen acento; es decir: una de sus sílabas *suena más fuerte* que las demás. Sin embargo, eso no significa que automáticamente pondremos allí una tilde [´]. Para saber ***cuándo*** y ***dónde*** pondremos tilde en una palabra, según donde suena más fuerte (*acento prosódico*), debemos comprender primero cómo se separan las sílabas, detectar después los diptongos y triptongos, y —finalmente— aprenderse las reglas y practicar con paciencia.

CONCEPTOS BÁSICOS PARA COMPRENDER LAS REGLAS DE ACENTUACIÓN

Para entender las reglas de acentuación, es necesario aclarar lo siguiente:

- ¿Qué es una palabra *grave*?
- ¿Qué es una palabra *aguda*?
- ¿Qué es una palabra *esdrújula*?
- ¿Qué es una palabra *sobreesdrújula*?
- ¿Qué es un *diptongo*, un *triptongo*?

Si usted comprende estos conceptos, puede saltar directamente a la página 151. Si aún no está seguro de qué significan estos conceptos, siga leyendo aquí.

La vasta mayoría de las voces del castellano es grave. Estas son palabras cuyo acento prosódico —o el acento con que pronunciamos las palabras, independientemente de si tienen tilde— cae en la penúltima sílaba. Dicho de otra manera, la sílaba del acento prosódico es aquella que se pronuncia con mayor intensidad. Veamos algunos ejemplos de palabras graves:

pan-t**A**-lla	br**I**n-co	vi**E**-nes
e-x**A**-men	l**Á**-piz	en-c**A**n-to
ca-r**Á**c-ter	**Á**r-bol	co-li-br**Í**-es
mo-m**E**n-to	ar-bo-l**I**-to	a-ni-ma-l**O**-te

Las palabras agudas, por otra parte, llevan su acento prosódico en la última sílaba, independientemente de si esta lleva tilde. Veamos la lista siguiente:

pa-r**E**d	vie-n**É**s	car-c**A**j
cha-r**O**l	sin-f**Í**n	lec-ci**Ó**n
can-t**Ó**	con-de-co-r**Ó**	Pa-na-m**Á**
co-li-br**Í**	fis-t**O**l	a-gua-rr**Á**s

Por último, las palabras esdrújulas llevan su acento prosódico en la antepenúltima sílaba. Estas voces siempre llevarán un acento escrito, o tilde, en virtud de la regla que veremos un poco más adelante. Si la antepenúltima sílaba contiene un diptongo, el acento ortográfico caerá sobre la vocal fuerte (a-e-o), de modo que no se rompa el diptongo. Si ambas vocales fuesen débiles (i-u), el acento caería sobre la segunda:

s**Í**-la-ba	a-pi**Á**-de-se	j**Ó**-ve-nes
Úl-ti-mo	e-ner-g**Ú**-me-no	mi-cros-c**Ó**-pi-co
pe-tr**Ó**-le-o	tu**É**-ta-no	vo-l**Ú**-me-nes
br**Ú**-ju-la	e-x**Á**-me-nes	cu**Í**-da-me

Las sobreesdrújulas, como *bús-ca-me-lo*, siempre llevan tilde sobre la vocal indicada dentro de la sílaba anterior a la antepenúltima. Para los adverbios de modo terminados en *-mente*, véase el número 5 del apartado §8.3 de *Redacción sin dolor*, 7ª edición.

Los diptongos y triptongos

En español hay cinco vocales: tres fuertes (o abiertas) y dos débiles (o cerradas).

Fuertes	***Débiles***
A	**I**
E O	**U**

Los diptongos se pronuncian en una sola sílaba, y se forman cuando se combina cualquier vocal de las *fuertes* con cualquiera de las *débiles* o, bien, cuando se combinan dos *débiles*. Así, podemos tener las siguientes combinaciones para crear diptongos:

ai: p*ai*-sa-no	ie: s*ie*-te	ou: S*ou*-to
ia: p*ia*-no	eu: n*eu*-tro	uo: c*uo*-ta
au: pre-c*au*-ción	ue: p*ue*n-te	iu: c*iu*-dad
ua: c*ua*-der-no	oi: b*oi*-na	ui: c*ui*-da-do
ei: p*ei*-ne	io: b*io*m-bo	

Por otro lado, la combinación de vocales fuertes **no** forma diptongo. En lugar de pronunciarse en una sola sílaba, como los diptongos, estas combinaciones se pronuncian en dos:

aéreo (consta de cuatro sílabas: **a-é**-re-o)
freático (consta de cuatro sílabas: fr**e-á**-ti-co)
peón (consta de dos sílabas: p**e-ó**n)
poema (consta de tres sílabas: p**o-e**-ma)
caos (consta de dos sílabas: c**a-o**s)
boa (consta de dos sílabas: b**o-a**)

Si una palabra con dos vocales que normalmente formarían diptongo, como lo hacen en *pai-sa-no*, debe pronunciarse de tal manera que ese diptongo *se rompa* en dos sílabas, como en *pa-ís*, habremos de colocar una *tilde —acento ortográfico—* sobre la vocal débil. De hecho, cuando cualquiera de las combinaciones de diptongo debe pronunciarse como dos sílabas, hay que poner tilde sobre la vocal débil.

El triptongo, por otra parte, es la combinación de tres vocales pronunciadas en una sola sílaba. (Acuérdese de que los diptongos también constan de una sola sílaba). Los triptongos se forman por una vocal fuerte (*a-e-o*) que se encuentra entre dos vocales débiles (*i*-*u*); en ninguna de estas puede estar el acento prosódico, es decir: ni la *i* ni la *u* pueden ser la vocal tónica de la sílaba. El acento hablado debe recaer en una *a*, una *e* o una *o*. Ejemplos de triptongos:

a-v-ri-g*uái*s	m*iau*
es-tu-d*iéi*s	b*uey*

Ejercicio 1

Identifique qué tipo de palabras son las siguientes (graves, agudas, esdrújulas o sobreesdrújulas) y anótelo en la línea.

1. teclado ____________________
2. cédula ____________________
3. examen ____________________
4. exámenes ____________________
5. pared ____________________
6. cárcamo ____________________
7. préstamelo ____________________
8. carcaj ____________________
9. canciones ____________________
10. comieron ____________________
11. fuiste ____________________
12. encontrarán ____________________
13. petróleo ____________________
14. nación ____________________
15. bamboleo ____________________
16. instancias ____________________
17. jóvenes ____________________
18. escríbasela ____________________
19. Constantinopla ____________________
20. ratón ____________________

Ejercicio 2

Determine si las palabras de la siguiente lista incluyen diptongos o triptongos. Si no es así, deje en blanco la raya destinada a la respuesta.

1. país ____________________
2. paisano ____________________
3. muégano ____________________
4. desprestigiáis ____________________
5. cámbiamelo ____________________
6. búho ____________________
7. cuotas ____________________
8. emergencia ____________________
9. custodio ____________________
10. cuidados ____________________
11. cáustico ____________________
12. cuate ____________________
13. baúl ____________________
14. peine ____________________
15. caos ____________________
16. aéreo ____________________
17. boina ____________________
18. ciudad ____________________
19. neutralidad ____________________
20. poeta ____________________

Las reglas de la acentuación

Si usted ya comprende perfectamente qué es una palabra grave, aguda, esdrújula y sobreesdrújula, amén de qué es un diptongo y un triptongo, en este momento puede aprender a aplicar las reglas de la acentuación.

Primera regla

Toda palabra grave terminada en consonante que no sea *n* o *s* llevará tilde sobre la vocal de la penúltima sílaba. Ejemplos:

l**Á**-piz	c**Ó**n-dor	**Á**r-bol	di-f**Í**-cil	hu**É**s-ped
c**Á**r-tel	c**Á**-liz	d**Ú**c-til	n**Í**-quel	c**Á**n-cer
t**Ú**-nel	al-m**Í**-bar	**Á**l-bum	d**Ó**-lar	f**É**r-til

Segunda regla

Toda palabra aguda que termine en vocal, en *n* o en *s* llevará tilde sobre la vocal de la última sílaba. Ejemplos:

can-ci**Ó**n des-pi-di**Ó** ma-za-p**Á**n a-gua-rr**Á**s vu-d**Ú**
car-t**E**l ca-na-p**É** a-jon-jo-l**Í** cha-cha-ch**Á** ca-na-p**É**
au-to-b**Ú**s Ju-li**Á**n co-me-r**É**is bar-ba-j**Á**n vo-la-r**Á**

Tercera regla

Toda palabra esdrújula llevará tilde sobre la vocal de la antepenúltima sílaba. Ejemplos:

co-n**Ó**z-can-me p**Á**r-vu-lo con-dis-c**Í**-pu-la pe-tr**Ó**-le-o a-**É**-re-a
car-n**Í**-vo-ro car-d**Ú**-me-nes a-n**Í**-me-se ar-chi-pi**É**-la-go **Ó**-ye-me
br**Ú**-ju-la es-dr**Ú**-ju-la can-t**Á**-bri-co fa-t**Í**-di-ca his-t**É**-ri-co

Toda palabra sobreesdrújula llevará tilde sobre la vocal de la sílaba que viene antes de la antepenúltima:

pla-t**Í**-ca-me-lo es-cr**Í**-ba-se-los
cu**É**n-ten-nos-lo co-rr**Í**-ja-me-la
c**Ó**m-pren-nos-las **Ó**-ye-me-lo

Cuarta regla

Todas las demás palabras —graves que terminen en vocal, en *n* o en *s*; agudas que terminen en consonante que no sea *n* o *s*— no necesitan llevar tilde.

(Hay ciertas palabras —tengan una sola sílaba o más— que requieren acento ortográfico *diacrítico* para diferenciar su sentido de las mismas palabras escritas sin tilde, como en los casos de *más*, *mí*, *tú*, *té*, etcétera).

Quinta regla

Todos los adverbios terminados en *-mente* llevarán tilde si el adjetivo del cual se derivan también la tiene. Si como adjetivos no llevan tilde, tampoco la llevarán como adverbios:

único → únicamente
común → comúnmente
bello → bellamente

Una norma más o menos reciente

Las Academias, en su edición de 1999 de la *Ortografía de la lengua española*, simplificaron la regla de la acentuación de las palabras con pronombres enclíticos (como *matóla*, *guisóla* y *comióla*). La norma antigua decía que había que conservar el acento ortográfico, tal como se ve arriba. La norma actual, simplificada, dice que se seguirá la regla general y que habría que escribir *matola*, *guisola* y *comiola*, en virtud de que son palabras graves terminadas en vocal. También determinaron que las palabras que ya no funcionan como verbos seguirán las reglas generales: *acabose*, *sabelotodo*, *mandamás*.

Ejercicio 3

Coloque correctamente las tildes a las palabras que las necesitan. Si no las requieren, déjelas como están.

1. pediatria
2. corrieron
3. joven
4. jovenes
5. carcel
6. Aristides
7. dolor
8. optico
9. neuronal
10. acido
11. oceano
12. merced
13. veintiun
14. academico
15. enfatico
16. (yo) competire
17. dificil
18. germen
19. desahuciado
20. grua
21. comestible
22. cardumen
23. explicito
24. buho
25. aguarras
26. cantomela
27. parentetico

28. dolares
29. (ella) excito
30. exito
31. germenes
32. faciles
33. enfasis
34. deuda
35. deicida
36. buitre
37. caminabamos
38. dieresis
39. ganzua
40. acabose
41. (yo, subjuntivo) perfore
42. pantagruelico
43. increible
44. corregible
45. (yo) explicome
46. dolar
47. dolores
48. dictamen
49. existieron
50. ultimatum
51. canonjia
52. reir
53. heroica
54. duo
55. ataud
56. engreido
57. tia
58. heroismo
59. brillo (sustantivo)
60. brio

Palabras que pueden causar confusión

En principio, todos los monosílabos —o palabras que tienen una sola sílaba, como *fue*— carecen de acento ortográfico. Hay algunos, sin embargo, que a veces llevan tilde, y otras, no. Esto depende de su función dentro de la oración. Según las nuevas normas, algunos monosílabos que antes requerían tilde ya no la llevan, como *guion*, *rio*, *Sion*, *hui*, *fie*, *fio*, etcétera.

MONOSÍLABOS POTENCIALMENTE PROBLEMÁTICOS

No llevan tilde:

- *mi*, adjetivo posesivo
- *tu*, adjetivo posesivo
- *el*, artículo definido
- *si*, conjunción condicional
- *se*, pronombre
- *te*, pronombre
- *mas*, conjunción adversativa (significa *pero*)
- *aun*, cuando significa *hasta* o *incluso*
- *de*, preposición

Sí llevan tilde:

- *mí*, pronombre personal
- *tú*, pronombre personal
- *él*, pronombre personal
- *sí*, adverbio de afirmación o pronombre personal
- *sé*, verbo (1ª persona de *saber* o de *tener sabor*, imperativo familiar de *ser*)
- *té*, sustantivo (infusión caliente)
- *más*, adverbio de cantidad
- *aún*, cuando significa *todavía* en cualquiera de sus acepciones
- *dé*, verbo (1ª y 3ª personas de presente de subjuntivo de *dar*)

Ejercicio 4

Coloque tildes en los monosílabos que los requieren.

1. Quiero que a mi me traigas mi cartera y no a el.
2. Todos te queremos tomando el te de el, mas no ahora sino cuando el te lo de.
3. Aun queda mucho por hacer, aun aquellas cosas que tu no quieres.
4. A ti no te importa tu futuro, aun cuando tu crees que no lo se, y yo se lo dije a el.

5. Si no vienes mañana, te digo que a mi me va a dar un ataque aun mas fuerte que el anterior.
6. Te di el si el día cuando le dijiste a el que a mi tu no me importabas.
7. ¿Me preguntas a mi cuál es mi propósito en la vida? ¡Salvaguardar mi fe en ti!
8. Esto es mucho mas grande de lo que tu piensas, aun sin mi, mas no me creas si así te parece, sobre todo si de ti depende que se de todo en tu vida. ¿Tu crees?
9. Se lo dices a el, mas que a ti no te diga nada, salvo que el esté tomando el te.
10. Yo si te querré si tu me quieres como el quiso a ella aun hasta el día de su muerte.

Pronombres o adverbios interrogativos y exclamativos

Otro foco de problemas son los pronombres y adverbios interrogativos y exclamativos. Estos siempre requieren tilde. Si no la llevan, se convierten en simples pronombres o adverbios relativos. No hace falta que la interrogación o la exclamación sean explícitas (o *directas*, es decir, que vayan entre signos de interrogación [¿?] o de exclamación [¡!]) para que necesiten la tilde.

PRONOMBRES O ADVERBIOS

Interrogativos o exclamativos

- cuándo
- cómo
- cuál
- cuán
- cuánto
- dónde
- qué
- quién

Relativos

- cuando
- como

- cual
- cuan
- cuanto
- donde
- que
- quien

INTERROGACIÓN EXPLÍCITA: ¿Dónde están mis anteojos?
INTERROGACIÓN INDIRECTA: No sé dónde están mis anteojos.

INTERROGACIÓN EXPLÍCITA: ¿Cuándo llegaste?
INTERROGACIÓN INDIRECTA: Nadie sabe cuándo llegó ese señor.

INTERROGACIÓN EXPLÍCITA: ¡Qué guapo estás!
INTERROGACIÓN INDIRECTA: No me importa qué tan guapo sea.

INTERROGACIÓN EXPLÍCITA: ¡Cuánto has crecido!
INTERROGACIÓN INDIRECTA: El papá no tiene idea de cuánto ha crecido su hijo.

Ejercicio 5

Coloque tildes sobre los pronombres o adverbios interrogativos o exclamativos. Si son simples pronombres o adverbios relativos, no se las ponga.

1. ¿Tú sabes donde guardan la papelería?
2. Donde no me lo digas, te diré adonde voy a mandarte.
3. ¡Que barbaridad que no lo digas!
4. Cayó cuan largo era, pero realmente no sé que tan largo fue.
5. ¿Quien invitó a quienes no tenían invitaciones?
6. No supieron quienes se habían quedado fuera ni donde pernoctaron.
7. Es difícil saber como se logró la hazaña, como él ya te lo había dicho.
8. ¿Por que lo hiciste? ¡Dime el porqué de tu proceder! ¿Lo hiciste porque él te dijo?
9. Buscó en cual de estos escondí el dinero, y lo hizo cual ladrón en la noche.
10. Cuando llegaste no había nada, pero nadie preguntó cuando empezaría la diversión.

Solo y pronombres demostrativos

Antes de 1999, había que diferenciar con tilde el adverbio *solo* (*sólo*) del adjetivo *solo* (*solo*). Ese año, las Academias de la Lengua Española propusieron, como sugerencia, que la palabra *solo* únicamente se escribiera con tilde cuando existiera alguna posibilidad de confusión. Después, en diciembre de 2010, en su entonces nueva *Ortografía de la lengua española*, se argumentó largamente por qué resultaba más que recomendable escribirla siempre sin tilde, fuera adverbio (cuando significaba *solamente*: «**Sólo** quería su amor») o adjetivo singular masculino: «Yo quería estar completamente **solo**»).

En la realidad de la escritura, sin embargo, la anfibología (la posibilidad de que *solo* se comprenda de manera equivocada) es más bien infrecuente, a pesar de que a los enemigos de la nueva regla les encanta inventar casos donde, fuera de contexto, sí se da esta ambigüedad, como en el ejemplo siguiente: «Solo vine a verte». El 99 por ciento de las veces el contexto aclara si *solo* funge como adverbio o adjetivo. Y si no lo hiciera (el otro uno por ciento), bastaría alterar la sintaxis o replantear la proposición: «Vine únicamente a verte» (verte fue la sola razón de mi visita); «Vine *porque* deseaba verte solo» (deseaba verte sin que hubiera nadie más presente).

Esto es precisamente lo que hacemos con todas las demás palabras que en español, en un momento dado, pudieran prestarse a equívocos: alteramos la sintaxis, aclaramos el contexto, replanteamos la proposición de otra manera o con vocablos que transmitan nuestra idea con mayor claridad. Al establecer la nueva regla, las Academias simplemente quisieron aplicar esta misma lógica a la palabra *solo* y, al mismo tiempo, volver la vida más sencilla para millones de redactores no especialistas que, por no distinguir rápidamente entre adverbios y adjetivos, se equivocaban una y otra vez. ¿Qué necesidad había, pues, de conservar una regla que en realidad no hacía falta el 99 por ciento del tiempo? Además, argumenta la *Ortografía*..., tanto el *solo* adverbio como el *solo* adjetivo tienen la primera sílaba tónica, y el acento diacrítico no cambiaba la pronunciación de la palabra, como sí ocurre con *mí* y *mi*, por ejemplo.

Aún así, las Academias tiraron la piedra y escondieron la mano. Tras explicar todo esto cuidadosamente, a la hora de plantear la *regla*, apuntaron lo siguiente: «[...] a partir de ahora *se podrá* [las itálicas son mías] prescindir de la tilde en estas formas incluso en casos de doble interpretación». (p. 269) Al escribir «estas formas», también se refieren a los pronombres demostrativos, los cuales veremos en el próximo párrafo. En otras palabras, se argumentó lúcidamente en favor de la nueva regla, pero luego dejó abierto un resquicio para los conservadores y nostálgicos que consideran que el castellano *se abarata* con lo que consideran una *concesión a la ignorancia*. Si de veras esta tilde fuera importante, yo mismo la defendería a capa y espada. Pero como no la veo así, me parece una tremenda pérdida de tiempo y esfuerzo corregir lo que no tiene por qué seguir calificándose de error.

Lo mismo sucedió con los pronombres demostrativos, que antes de 1999 debían llevar tilde para diferenciarlos de los adjetivos demostrativos, que no la llevaban. Pero —nuevamente— en verdad no hace falta poner el acento diacrítico porque para diferenciarlos basta con ver si hay un sustantivo al lado de él (antes o después) o no, pues la función de los pronombres es la de sustituir a los sustantivos.

EJEMPLO:

¡Me encantó **esa** mesa! (adjetivo, pues modifica al sustantivo *mesa*).
¡Me encantó **esa**! (pronombre, pues está en lugar del sustantivo *mesa*).

Así las cosas, las siguientes palabras ya no llevan tilde, sean pronombres o adjetivos: *esta*, *estas*, *esa*, *esas*, *aquella*, *aquellas*, *este*, *estos*, *ese*, *esos*, *aquel*, *aquellos*.

Palabras que nunca llevan tilde

Hay una serie de palabras que nunca llevan tilde, aunque muchas veces la reciben de manera errónea. Estas son:

fui	vi	fe	esto
fue	vio	son	eso
di	ti	fin	aquello
dio	bien	sin	

Y según las normas ortográficas de 1999 y de 2010, estas tampoco llevan tilde.

crie	crio	crieis	criais	fie	fio	frio	flui	fluis	frui
fruis	fieis	fiais	friais	guie	guio	guieis	guiais	guion	hui
huis	ion	lie	lio	lieis	liais	o	pie	pio	pieis
piais	pion	prion	riais	ruan	rio	Sion	truhan		

Acentos sobre mayúsculas: ¿deben usarse?

Antiguamente se permitía que dejaran de colocarse tildes sobre las vocales mayúsculas que por regla requerían acento ortográfico. Ahora, sin embargo, toda vocal mayúscula que como minúscula lleve tilde, también la lleva como mayúscula.

Ejercicio 8

Enseguida encontrará un fragmento de una larga entrevista al escritor mexicano Ricardo Garibay (1923-1999). Todos los acentos han sido suprimidos. Póngalos en su lugar. [Fuente: Signos vitales de Ricardo Garibay, *Iris Limón. México, Editorial Colibrí, 2000. 208 pp.].*

LA PASION ES UNA EMOCION DEMENTISIMA Y EXCLUSIVA

La pasion es una emocion dementisima, que excluye toda otra posibilidad de emocion para cualquier otra cosa que haya en el mundo. Si un hombre ama apasionadamente a una mujer, no puede amar ninguna otra cosa mas que a esa mujer.

La pasion es absorbente. Tritura, consume al ser humano, lo ocupa enteramente, lo chupa, lo convierte en un bagazo. Por eso, muy pocas veces habremos de encontrar en la vida personas apasionadas, de verdad apasionadas, y menos aun en el amor.

Es rarisimo el amor de verdad. Es aun mas raro que la inteligencia, y absolutamente excepcional que encontremos en la vida un amor apasionado.

El amor como pasion puede durar siempre. De hecho, si se da el amor apasionado, durara para siempre. Un hombre se apasiona por una mujer, y no ve en el mundo mas que eso, no le interesa nada en el mundo mas que eso. El ser humano esta inmerso en el tiempo. Pasan los meses, pasan los años y es probable que esa pasion se le acabe, pero esa mujer de la que estuvo apasionado, aquella mujer que vive dentro de el, inmarcesible, no esta sujeta al tiempo: es de especie eterna, eternamente joven, eternamente maravillosa, y seguira provocandole una eterna pasion para siempre. En aras de esa pasion que vivio un hombre, puede seguir amando a una mujer toda la vida en la mera memoria. Otras veces no, incluso la olvida, pero esa que fue amada apasionadamente sera siempre amada asi.

Voy a poner dos ejemplos muy bellos. Una pelicula alemana. En un pueblecito a la orilla de una alta montaña se van a casar dos jovenes muy hermosos; la noche anterior, el quiere subir a la montaña para ofrendar su boda, que sera al dia siguiente. Lo sorprende una tempestad, se muere y no regresa nunca. Pasan 50 o 60 años. Sucede que una mañana oyen como cruje atronadoramente el hielo en una epoca de deshielo en la montaña y dicen «mañana habra rio»; «bajara el agua por torrentes». A la mañana siguiente corren todos en el pueblo gritando: «Llego Karl. ¿Se acuerdan de Karl?». Corre una anciana, y el cadaver que la montaña ha devuelto es el de aquel joven novio que se fue la noche antes de la boda. Ella ha seguido viviendo. Eso sucedio hace 60 años, y la camara toma de repente a una anciana que ve con muchisimo amor a un joven hermosisimo congelado que esta en medio del arroyo. Ahi se ve el amor que no ha transcurrido y los seres humanos que si lo han hecho. El cadaver no, porque permanecio congelado 60 años; ella si porque estuvo en la vida 60 años, y es la anciana viendo al joven, y son las mismas personas que hacia 60 años no pudieron casarse.

El otro ejemplo es igualmente bello; se trata de una obra literaria cuyo autor no recuerdo. Un hombre en un pueblo tiene una novia hermosa, y un dia decide irse. Regresa siendo un hombre ya macizo, de 70 y tantos años, y desde la cumbre de una colina, antes de bajar al pueblo que se ve abajo, hermosisimo, se sienta a fumar, a esperar, a hacer que repose su corazon. De repente ve acercarse a una vieja mendiga que viene recogiendo porquerias que se encuentran en el campo, pedacitos de madera seca para formar leña y venderla en el pueblo. De pronto la mendiga pasa junto a el, y en el perfil de la vieja encorvada bajo el fardo de leña que lleva, el ve a la mujer que era su novia; el perfil lastimado por los años, ennegrecido por los soles, el lo ve limpio, purisima silueta de la muchacha, y se vuelve a enamorar.

Esto ejemplifica las dos cosas que estaba diciendo un poco antes: la mujer amada apasionadamente sera amada siempre asi.

Capítulo 9

Función y constitución del verbo

Como se explica ampliamente en la 7ª edición de *Redacción sin dolor*, el verbo es la parte más importante de la oración, pues sin él no hay *acción*; sin él **no pasa nada**. Esta categoría gramatical está conformada por raíz y desinencia (esta última también conocida como *flexión* y como *terminación*). La raíz es la que da significado al verbo, y la desinencia es la que representa los *accidentes gramaticales* (persona, número, tiempo y modo). Pero antes de tratar estos, debemos analizar los infinitivos (uno de los tres tipos de verboides —o *formas impersonales* del verbo— que se ven a fondo en el capítulo 10 y en el Apéndice de *Redacción sin dolor*, 7ª edición), los cuales son el equivalente del nombre propio de la acción, y por ello decimos —por ejemplo— «el verbo *brincar*, el verbo *beber*, el verbo *reír*», a pesar de que no están conjugados. Es como decir «la señora *Guadalupe*» o «El ingeniero *Tapia*».

Las terminaciones de infinitivo son *-ar* (1ª conjugación), *-er* (2ª conjugación) e *-ir* (3ª conjugación). Para encontrar la raíz, habremos de separar de la palabra la desinencia de infinitivo. Ejemplos:

infinitivo	raíz	desinencia
1. ampliar	ampli-	-ar
2. conocer	conoc-	-er
3. conseguir	consegu-	-ir

para no olvidarlo Los verboides (o formas no personales del verbo) se llaman así porque dan la idea de acción, pero no son verbos porque no nos dicen ni quién ni cuántos ni cuándo se realiza esa acción (es decir: no están conjugados). Y decimos «el verbo *amar*» o «el verbo *comer*» —usando infinitivos— porque así llamamos a la acción a la que nos referimos. Por otro lado, tanto en la 7ª edición de *Redacción sin dolor* como en este *Cuaderno de ejercicios...* usamos las palabras *desinencia*, *terminación* y *flexión* como sinónimos.

Ejercicio 1

Separe la raíz de la desinencia de los siguientes infinitivos y anote a qué conjugación pertenece cada acción (1ª, 2ª o 3ª).

	raíz	desinencia	conjugación
1. creer	__________	__________	__________
2. laborar	__________	__________	__________
3. sonreír	__________	__________	__________
4. fallecer	__________	__________	__________
5. contribuir	__________	__________	__________
6. conectar	__________	__________	__________
7. sostener	__________	__________	__________
8. ordenar	__________	__________	__________
9. increpar	__________	__________	__________
10. constituir	__________	__________	__________

Ejercicio 2

Después de anotar el infinitivo de cada uno, separe la raíz de las desinencias que señalan persona, número, tiempo y modo (accidentes gramaticales) de los siguientes verbos.

Nota: el segundo y tercer ejemplos son verbos cuyas raíces sufren una alteración: *colg* se convierte en *cuelg*, y *nac*, en *nazc*, como se explica en el siguiente párrafo.

EJEMPLOS:

verbo	infinitivo	raíz	desinencia
1. comió	comer	com-	-ió
2. cuelguen	colgar	colg/cuelgu-	-en
3. nazcamos	nacer	nac/nazc-	-amos

El segundo ejemplo es un verbo irregular cuya raíz se altera. Además, la *u* de *gu* debe ir cuando luego de la *g* viene *e* (como en este caso) o *i*. El tercero también es un verbo irregular cuya raíz se altera (se agrega una *z* cuando a la *c* le sigue *a* y *o*). Cabe recordar que cuando la palabra original va con *z*, esta letra se vuelve *c* ante las vocales *e* e *i*.

verbo	infinitivo	raíz	desinencia
1. pensó			
2. colaboramos			
3. rías			
4. desfallecían			
5. retribuyamos			
6. desconecten			
7. sustentaban			
8. desordenaré			
9. controlarías			
10. consumirán			

Capítulo 10

Verboides (formas no personales del verbo)

Hay tres verboides (también conocidos como *formas no personales del verbo*): infinitivo (*cantar*, *comer*, *subir*), participio (*edulcorante*, *sonriente*; *probado*, *absorbido*; *escrito*, *impreso*, *hecho*) y gerundio (*sumando*, *dividiendo*). Se llaman así porque —a pesar de darnos la idea de acción, como los verbos— no nos dicen quién realiza la acción ni cuántos ni cuándo. Esta información tan necesaria nos la dan las terminaciones de persona, número, tiempo y modo (lo cual se aborda ampliamente en el capítulo 12, «Accidentes gramaticales del verbo», de *Redacción sin dolor*, 7ª edición).

1. **Infinitivo** (para más detalles, véase el apartado §10.1 de *Redacción sin dolor*, 7ª edición). Es el *nombre propio* de la acción. Como se vio en el capítulo anterior, sus terminaciones son ***-ar*** (compr*ar*), ***-er*** (sorb*er*) e ***-ir*** (serv*ir*). Suele fungir como sustantivo, como en «**Beber** en exceso *es* peligroso» (el infinitivo está en negritas, mientras que el verbo conjugado está en cursivas).

   Puede tener valor verbal si forma parte de otro verbo (los llamados *perifrásticos*), como en «*Voy a* ***comprar*** varios libros» o «*Tengo que* ***escribir*** una obra de teatro». (Aquí el infinitivo completa la acción, forma parte del verbo; por eso se puso en cursiva el verbo completo y se agregó letra negrita a los infinitivos).

2. **Participio** (para más detalles, véase el apartado §10.2 de *Redacción sin dolor*, 7ª edición). Puede ser *activo* o *pasivo*. El activo termina en ***-ante*** (*estudiante*) y en ***-ente*** (*intendente*), y suele fungir como sustantivo (el

*migr**ante***, la *dol**iente***) aunque algunos también podrían emplearse como adjetivos (el niño *migr**ante***, la familia *dol**iente***).

El pasivo se divide, a su vez, en regular e irregular. Las terminaciones de los participios pasivos regulares son ***-ado*** (*compr**ado***) e ***-ido*** (*com**ido***). Las de los irregulares son ***-to***, ***-so*** y ***-cho*** (***escrito***, *impre**so***, *di**cho***). Algunos verbos tienen participio pasivo regular e irregular (como *confes**ado*** / *confe**so***; *fre**ído*** / *fri**to***; *imprim**ido*** / *impre**so***). (Para más ejemplos de estos verbos con doble participio pasivo, véanse las páginas 314 a 316 de *Redacción sin dolor*, 7ª edición].

Tanto regulares como irregulares suelen funcionar como adjetivos (*postres com**idos***, *silla ro**ta***) —en cuyo caso concordarán en número y género con el sustantivo al que modifiquen— o pueden ser parte integrante del verbo en los tiempos compuestos (*he tra**ído***, *habremos di**cho***).

3. **Gerundio** (para más detalles, véase el apartado §10.3 y el Apéndice de *Redacción sin dolor*, 7ª edición). Las terminaciones de gerundio son ***-ando*** y ***-endo***. Aunque muchas veces se emplea mal, hay 16 casos en los que se emplea bien. (Véase la «Lista de los usos generales del gerundio» en el Apéndice de *Redacción sin dolor*, 7ª edición, p. 405).

    1. El gerundio *como adverbio de modo* (modal). Su acción puede ser simultánea o anterior a la del verbo principal: «Llegó *corriendo*» (acción simultánea; expresa de qué manera llegó). «*Levantándo*se del suelo, comenzó a llorar» (la acción del gerundio es ligeramente anterior a la del verbo).
    2. El gerundio *como parte de un verbo perifrástico*. Se forma solo con algunos verbos, como *estar*, *venir*, *tener*, *ir*, *seguir*, *andar*, *llevar*...: «Estoy *llegando*», «Ando *corriendo*».
    3. El gerundio *como atributo en una oración copulativa* (es decir, cuyo verbo sea copulativo o esté funcionando copulativamente). En estos casos, el gerundio también podría considerarse modal: «Duerme *roncando*», «Seguiré *tristeando*».
    4. El gerundio *que modifica al complemento directo de un verbo de percepción* (sensible, mental o intelectiva) o de representación, descubrimiento o hallazgo. Este es uno de los poquísimos casos en que podríamos entender el gerundio como adjetivo: «Maricarmen **escuchó** a una mujer *llorando* en la madrugada», «Mariano **imaginó** a su madre pariendo mariposas». En los ejemplos, el sujeto está subrayado con línea sencilla, el verbo está en letra

negrita, el CD está subrayado con línea doble, y el gerundio está en letra cursiva.

5. El gerundio *exhortativo o directivo, o como reconvención* (con la conjunción *conque*): «¡*Corriendo*, que es urgente! Debemos entregar el informe antes de las tres de la tarde», «¿Conque *escribiendo* en las paredes del baño? ¡Se irán a sus casas con un reporte de indisciplina, señoritas!».
6. El gerundio *interrogativo o exclamativo*: «¿El director *sonriendo*?»; «¡Martina *despotricando* contra su jefe!». (Nótese que en estos casos podría sobrentenderse el verbo *estar*: «¿El director está *sonriendo*?»; «¡Martina está *despotricando* contra su jefe!»; además, se da por sentado que el gerundio, en el fondo, responde a la acción de un verbo de percepción: «¿Vieron al director *sonriendo*?»; «¡Escuchamos a Martina *despotricando* contra su jefe!»).
7. El gerundio *condicional*. Se considera así cuando el gerundio puede sustituirse por una expresión condicional con la conjunción *si*: «*Colaborando* con el equipo, llegarás lejos en la empresa» («Si colaboras con el equipo[...]»), «*Analizando* acertadamente, será más fácil que los sinodales aprueben tu tesis» («Si analizas acertadamente [...]»).
8. El gerundio *concesivo*. Se trata del gerundio que funciona como adverbio de concesión, es decir: que salva un obstáculo (puede sustituirse por *aunque* o *a pesar de que* o usarse con los adverbios *aun* o *incluso*): «*Habiéndo*se desilusionado, volvió a enamorarse» (Aunque se había desilusionado, [...]»). [Nótese que la acción del gerundio aquí es también anterior a la del verbo]; «Incluso *creyendo* no lograrlo, terminó el maratón» (A pesar de que no creía lograrlo, [...]).
9. El gerundio *que va con nombres (sustantivos) de información o comunicación* (*carta*, *comunicado*, *correo electrónico*, *decreto*, *mensaje*, *nota*, *noticia*, *telegrama*, *memorándum*, *circular*...). En este caso —así como en el del cuarto uso— se entenderá el gerundio como adjetivo, pero no es recomendable hacerlo. De hecho, aunque las Academias lo aceptan en general, reconocen que su uso es demasiado coloquial y, por lo tanto, poco elegante. No debería emplearse en la escritura esmerada. Ejemplos: «Llegó un correo electrónico *diciendo* que había junta mañana a primera hora», «Aquella carta *recordándome* tus besos no es fácil de olvidar».
10. El gerundio *de pie de foto o grabado*, *o de cédula*. En estos casos se sobrentiende un verbo de percepción sensible (*se ve*, *se muestra*...): «Lince *devorando* a su presa», «Niña *desperezándose* en lontananza».

11. El gerundio *de ubicación o locativo*. Conviene colocarlo en inversión sintáctica para no causar confusiones o situaciones chuscas: «*Subiendo* la escalera, está la oficina que busca», en lugar de «La oficina que busca está *subiendo* la escalera»; «*Atravesando* la avenida, está la escuela de los niños», en lugar de «La escuela de los niños está *atravesando* la avenida».
12. Los gerundios *ardiendo* e *hirviendo* sí pueden ser adjetivos estén donde estén dentro de la proposición. «Me encanta el café *hirviendo*», «Anoche estaba yo *ardiendo* en fiebre».
13. El gerundio después de la preposición *en* y en diminutivo. Se trata de un uso cada vez menos frecuente, sobre todo por los jóvenes, pero es legítimo y nos da la idea de que la acción del verbo principal se realiza inmediatamente después de la acción denotada por el gerundio. Es sinónimo de «en cuanto + verbo en subjuntivo»: «*En llegando* a casa te llamo», «*Llegandito* a casa te llamo» o «*En llegandito* a casa te llamo» («En cuanto llegue a casa[...]»). También puede usarse el diminutivo como adverbio modal: «Llegó *resoplandito* el mensajero».
14. El gerundio *que da respuesta a ciertas preguntas*, como ¿Qué haces?, ¿En qué andas?: «*Comiendo* pastel de fresa», «*Terminando* la tesis, por fin».
15. El gerundio *tirando a*... Significa *casi*: «Sus ojos son verdes *tirando a* grises», «Traía un saco *tirando a* harapo».
16. El gerundio *andando + expresión de tiempo*. Expresa el transcurso de cierto tiempo: «*Andando* los años, la experiencia llega» («Con el paso de los años[...]»). «*Andando* unos meses, fui acoplándome a mi nueva vida» («Después de unos meses[...]»).

En otras palabras, en muchas ocasiones el gerundio estará bien utilizado. Pero hay tres ocasiones en las que el gerundio no se usa bien y puede causar confusión. Esta es la lista de los tres casos en que **jamás** debe emplearse el gerundio:

1. Como *consecuencia* (si su acción es posterior a la del verbo). La acción del gerundio puede ser simultánea o ligeramente anterior a la del verbo, pero nunca puede ser posterior ni indicar consecuencia.

   Error: *Se estrelló* el avión **muriendo** 300 personas.
   Corrección: *Se estrelló* el avión **y *murieron*** 300 personas.

2. Como adjetivo (salvo en los casos que se vieron arriba).

   Error: *Compramos* una caja **conteniendo** un montón de cosas.
   Corrección: *Compramos* una caja **que *contenía*** un montón de cosas.

3. En lugar de un verbo conjugado en oraciones compuestas:

   Error: *Iba* a casa de mi papá, **comprando** la comida en el camino.
   Corrección: *Iba* a casa de mi papá **y *compré*** la comida en el camino.
   Error: *Compré* la comida en el camino, **llegando** tarde a la cita.
   Corrección: *Compré* la comida en el camino, **por lo que *llegué*** tarde a la cita.

Como puede observarse en los ejemplos anteriores, estos errores se solucionan conjugando los gerundios; es decir, convirtiendo en verbos esta clase de verboides.

Ejercicio 1

A. *Diferencie entre verbos y verboides. Señale en cada caso, cuando se trate de verboide, de qué tipo de forma no verbal se trata (infinitivo, participio activo o pasivo, o gerundio). Cuando halle un verbo, solo escriba la palabra* verbo.

1. sorbiendo _____	2. subíamos _____	3. trotar _____
4. absorbía _____	5. conveniente _____	6. supe _____
7. presidente _____	8. corregir _____	9. di _____
10. afrontaba _____	11. cantante _____	12. estimulando _____
13. es _____	14. morder _____	15. quedara _____

Tanto a los infinitivos como a los gerundios pueden *pegárseles* pronombres (como en el caso de *pegárseles*, infinitivo al cual se añadieron los pronombres *se* y *les*). Los pronombres que se pegan a estos verboides (e, incluso, a algunos verbos en forma imperativa, como «dímelo« y «apréndetela«) se llaman *pronombres enclíticos*.

Ejercicio 2

A continuación, subraye el infinitivo o gerundio. Deje sin subrayado el pronombre enclítico (o pronombres enclíticos) que los acompañen.

1. sorbiéndolos	2. subírsela	3. superarlo	4. absorbiéndose
5. conviniéndole	6. sabiéndolo	7. presidiéndola	8. corrigiéndoselo
9. diciéndolas	10. afrontándolos	11. cantártelo	12. estimulándolos
13. siéndoles	14. mordiéndosela	15. quedárselos	16. cumpliéndola

Ejercicio 3

A continuación encontrará varios verboides dentro de proposiciones. Escriba en la línea de abajo la forma no personal y, a continuación —sin comillas—, indique si está siendo usada como sustantivo, adjetivo, adverbio o como parte de un verbo perifrástico. Recuerde que a los infinitivos y gerundios puede añadírseles pronombres enclíticos.

EJEMPLOS:

- Lo único que quiero es llegar a casa.
  «llegar», sustantivo

  ____

- Exterminándolas de casa en casa, se gana la vida.
  «exterminando», adverbio de modo.

  ____

- Creí que habías ido por la verdura, pero me equivoqué.
  «ido», forma parte del verbo perifrástico *habías ido* (también conocido como *tiempo compuesto*)

  ____

- Las papas fritas son mi comida chatarra favorita.
  «fritas», adjetivo.

  ____

1. Recuerde que a los infinitivos y gerundios puede añadírseles pronombres enclíticos.

   ____

   ____

2. Correr se convirtió en mi actividad favorita después de los 30 años.

   ____

   ____

3. Conduciéndonos con cuidado, el guía nos llevó hasta el fondo de la cueva.

   ____

   ____

4. Tenía que contraponerlos aunque no era su deseo.

   ____

   ____

5. La ropa tirada por toda la sala está sucia.

   ____

   ____

6. Lo más seguro es que los sustentantes de este semestre aprueben el examen.

   ____

   ____

7. Corrió detrás de los muchachos gritándoles palabras mayores.

   ____

   ____

8. El doctor va a asistir al congreso de oftalmología de la próxima semana.

   ____

   ____

9. Estábamos comiendo con unos amigos cuando llegaron mis papás.

   ____

   ____

10. La mirada penetrante de la niña nos asustó muchísimo.

   ____

   ____

Ejercicio 4

A continuación hay un párrafo. En él encontrará gerundios. Algunos estarán bien utilizados, y otros, no. En las líneas que se hallan debajo, reescriba el párrafo después de corregir únicamente los gerundios que se usaron de manera inadecuada. Si es necesario cambiar parte de la puntuación, hágalo también.

La semana pasada fui a bailar con mis amigas, llegando a las nueve de la noche al antro. Conteniendo mi aburrimiento, porque casi no había gente y la música era pésima, y el volumen, muy alto, una hora después salí sin suéter a tomar aire, pescando casi de inmediato un resfriado tremendo. Mientras estornudaba, pasó mi amigo Juan enseñándome una bolsa de plástico conteniendo pañuelos y una cajita con una especie de pomada que le acababa de comprar a su mamá. La señora estaba enferma y él iba camino a visitarla en ese momento, dándome mucho gusto encontrarlo casualmente, no teniendo yo idea de que su mamá viviera por ahí. Despidiéndose, Juan se fue, regresando un par de horas después, estando mejor el ambiente y bailando conmigo toda la noche, siendo —finalmente— una de las salidas más entretenidas que he tenido en años, a pesar de los estornudos que no me han dejado en paz a partir de entonces.

Capítulo 11

Clasificación de los verbos

Hay diversas maneras de agrupar los verbos. Puede ser de acuerdo con su origen, según la cantidad de palabras que necesiten para completar su sentido, según su conjugación, por su función sintáctica, por su necesidad de usar pronombres o por el destino de su acción. En lo tocante a la práctica, a la redacción, lo más importante es reconocer su función sintáctica (verbos copulativos y auxiliares), el destino de la acción (transitivos e intransitivos) y saber si necesitan una o más palabras para completar su sentido (prepositivos, perifrásticos o pronominales). En el capítulo 11 de *Redacción sin dolor*, 7ª edición, se ven estas clasificaciones y más, por si el estudiante está interesado en adentrarse a mayor profundidad. En este *Cuaderno de ejercicios...*, sin embargo, vamos a trabajar con las clasificaciones más prácticas.

Ejercicio 1

Complete las siguientes proposiciones con el complemento preposicional que considere mejor. Si lo desea, puede agregar también complementos circunstanciales.

1. Ayer me acordé...

____

____

2. Los adolescentes no suelen hablar...

____

____

3. Mañana nos pondremos de acuerdo...

____

____

4. Araceli está segura...

____

____

5. Mi esposo y yo confiamos...

____

____

Como se ve en el apartado §11.1.4, los verbos perifrásticos suelen llevar un verbo auxiliar conjugado más la conjunción *que* o una preposición que lo una a un infinitivo o gerundio. También puede unirse un participio o un gerundio a ciertos verbos sin necesidad de ningún tipo de nexo. Por otro lado, si llamamos *verbo perifrástico* a todo aquel que necesite más de una palabra para completar su sentido, podemos decir que tanto los verbos pronominales (los que necesitan pronombre) como los tiempos compuestos (que se forman con *haber* + participio) son —igualmente— perifrásticos. [§11.1.3, §11.1.4, §11.1.4.1, §11.1.4.2, §11.4, §11.4.1, §11.4.2 y §12.3]. No olvide que, para efectos prácticos, la parte conjugada del verbo perifrástico será considerada núcleo del predicado.

Ejercicio 2

A continuación encontrará una lista de verbos conjugados; una de infinitivos; otra de preposiciones, conjunciones y pronombres; otra más de participios, y una última de gerundios para que elija entre ellos y **forme 10 verbos perifrásticos** *de la clase que desee: unidos por conjunción o preposición (verbo conjugado +* a *o* de *o* en *o* que *+ infinitivo [§11.1.4, §11.1.4.1 y §11.1.4.2]), sin nada que los una* (deber, poder, desear *conjugados + infinitivo;* andar, llegar, ir... *conjugados + gerundio;* tener *conjugado + participio pasivo [§11.1.4];* ser *conjugado + participio pasivo [§3.3.4,]), pronominales* (me, te *o* se *+ verbo conjugado[§11.4]) o verbos en tiempos compuestos (*haber *conjugado + participio pasivo [§12.3]). No es necesario usarlos todos ni hay una solución única.*

EJEMPLOS:

1. tuvimos + que + hacer → tuvimos que hacer 2. voy + a + moler → voy a moler 3. deben + de + conocer → deben de conocer

Verbos conjugados:

llevamos	debimos	habrían	fuimos
has	solemos	podrás	andaremos
tengo	desea	están	iba
pueden	voy	venías	habíamos
serán	estábamos	vamos	solían
estuvieron	deberás	hay	tienen

Infinitivos:

hacer	comprender	sobrellevar	coordinar
vivir	desear	conformar	colocar
llevar	traer	soportar	comer
morir	cocinar	coser	valer
andar	ver	oler	saber
tener	escuchar	moler	conocer
armar	colgar	decir	determinar
ir	tratar	portar	aprender

Preposiciones, conjunciones y pronombres:

de
que
se
en
me
a
te

Participios (puede cambiar las flexiones de género y número si lo desea):

dicho	sugerido	comentado	socorrido
comprado	dispuesto	conjugado	cantado
consumido	roto	sufrido	impreso
compuesto	colocado	hecho	cortado
pensado	escrito	estado	temido
supuesto	frecuentado	frito	consumado

gerundios:

cantando	viviendo	deseando	cooperando
padeciendo	confesando	yendo	trabajando
superando	volando	consumiendo	brincando

abriendo	controlando	dando	recibiendo
escribiendo	pudriendo	esperando	faltando
comparando	atendiendo	practicando	beneficiando

Ejercicio 3

A continuación use cada uno de los verbos perifrásticos que creó en el ejercicio anterior para formar proposiciones con complementos.

EJEMPLOS:

1. Debimos hacer la tarea a tiempo.
2. Voy a moler las nueces antes que llegue mi mamá.
3. Mis suegros tienen que conocer Teotihuacán.

1. ______________________________
2. ______________________________
3. ______________________________
4. ______________________________
5. ______________________________
6. ______________________________
7. ______________________________
8. ______________________________
9. ______________________________
10. ______________________________

A lo largo de *Redacción sin dolor*, 7ª edición, vimos que los verbos prepositivos necesitan una preposición que introduzca su complemento [§3.7, §4B.2.4.1 y §11.1.3], que los copulativos son aquellos que unen el sujeto con el predicado y forman *oraciones copulativas* [§4B.2.4.1 y §11.3.1], que los pronominales llevan un pronombre porque su sentido cambia con él o porque su acción es reflexiva o recíproca o porque —aunque su sentido no cambie— así cambia su matiz [§11.4], que los transitivos necesitan complemento directo (CD) [§11.5.1] y que los intransitivos no deben llevarlo nunca [§11.5.2].

Después de repasar estos conceptos —en caso de que le hiciera falta—, resuelva el siguiente ejercicio.

Ejercicio 4

Analice las siguientes proposiciones y anote en la línea de abajo si los verbos que las conforman son:

prepositivos
copulativos (intransitivos)
pronominales
transitivos
intransitivos (aunque no sean copulativos)

(si son perifrásticos, analice si estos verbos que completan su acción con más de una palabra son prepositivos, copulativos, pronominales, transitivos o intransitivos).

EJEMPLOS:

1. Debemos mucho dinero al banco; confío en que trabajando horas extras conseguiré lo suficiente.
   «debemos», transitivo; «confío», prepositivo; «conseguiré», transitivo
2. Vas a hablar de tus capacidades y luego saldrás de la oficina.
   «vas a hablar», prepositivo; «saldrás», intransitivo
3. Emiliana se baña muy temprano todos los días después de correr ocho kilómetros.
   «Se baña», pronominal

1. Las muchachas entrenarán futbol rápido, mientras que los jóvenes irán de compras.
   ____
2. La directora encontró los papeles que se habían perdido la semana anterior. Su asistente ya le había redactado unos nuevos.
   ____
3. Emilio y Beatriz asaltaron un banco, Carlota los denunció a la policía y Dolores declaró a favor de los inculpados.
   ____
4. Estoy de acuerdo en que faltes a clase, pero tendrás que hacer un trabajo extra para que no haga un reporte al respecto.
   ____

5. Emmanuel cumplió su palabra. Paula no había creído en él al principio; sin embargo, ahora son muy felices.

    ____

Ejercicio 5

A continuación encontrará tres párrafos a los que les faltan los verbos. Conjugue los infinitivos que están en la lista que sigue y colóquelos en orden dentro del texto. Verifique que la conjugación concuerde en tiempo y modo con el contexto.

Desde que ______________ las monarquías, la mayoría de los reyes del mundo ______________ por prestar poca atención a las necesidades de sus pueblos. Por supuesto, ______________ algunas excepciones, como la del rey Francisco I y la reina Sisi, de Austria. Esta última ______________ siempre comprometida con las causas sociales, y su esposo ______________ un gran diplomático. ______________ innegable que otros ______________ también grandes promotores de la cultura.

Un ejemplo es Isabel I de Inglaterra, la Reina Virgen, quien ______________ hija de Enrique VIII y Ana Bolena (quien, por cierto, ______________ no poca polémica en todo el reino por cómo llegó al trono y por incitar al rey a que ______________ su propia Iglesia, separada del papa). Esta monarca ______________ muy determinada y ______________ valientemente a la Grande y Felicísima Armada (Armada Invencible) española, a la cual ______________ entre el 29 de julio y el 7 de agosto de 1588 en el Mar del Norte. Durante su reinado ______________ el teatro y ______________ autores muy importantes hasta la actualidad: William Shakespeare, Ben Johnson y Christopher Marlowe.

Otro ______________ Luis XIV de Francia, el Rey Sol, quien ______________ al trono cuando apenas ______________ un niño de cinco años. Este ______________ varias guerras y ______________ poco menos de dos docenas de hijos. Bajo su auspicio ______________ Molière y Racine, entre muchos otros dramaturgos, músicos y pintores de la época.

Infinitivos

1. empezar a decaer
2. terminar
3. haber
4. estar

5. convertirse
6. ser
7. ser
8. ser
9. causar
10. fundar
11. ser
12. combatir
13. vencer
14. florecer
15. prosperar
16. ser
17. ascender
18. ser
19. librar
20. engendrar
21. trabajar

Capítulo 12

Accidentes gramaticales del verbo

Se llaman *accidentes gramaticales* la **persona**, el **número**, el **tiempo** y el **modo** que brinda la conjugación. Gramaticalmente hablando, solo hay tres personas (primera, segunda y tercera [§12.1]) y dos números (singular y plural [§12.1]). La 1ª persona de singular (1ª p.s.) es *yo*; la 2ª persona de singular (2ª p.s.), *tú*, *vos* y *usted*; la 3ª persona de singular (3ª p.s.), *él*, *ella* y todo lo que no sea ni *tú*, *vos*, *usted* o *yo*. La 1ª persona de plural (1ª p.pl.) es *nosotros*, *nosotras*; la 2ª persona de plural (2ª p.pl.) es *vosotros*, *vosotras*, *ustedes*; la 3ª persona de plural (3ª p.pl.) es *ellos*, *ellas* y todo lo que no sea ni *ustedes*, *vosotros*, *vosotras*, *nosotros* o *nosotras*.

Cabe recordar que el masculino plural es inclusivo; es decir, que incluye al femenino. Si se desea incluir a ambos sexos en el discurso, pueden usarse, siempre que sea posible, sustantivos que engloben a los dos, como *humanidad* o *seres humanos* (en lugar de *el hombre*, cuando se trate del género humano), *magisterio* (en lugar de *maestros* y *maestras*) o *personas* (en lugar de *hombres* y *mujeres*)...

Personas y números

Personas de singular	Personas de plural
1ª p.s. Yo	1ª p.pl. Nosotros, nosotras
2ª p.s. Tú, vos, usted	2ª p.pl. Vosotros, vosotras, ustedes
3ª p.s. Él, ella...	3ª p.pl. Ellos, ellas...

El **tiempo** indica cuándo se realiza la acción del verbo, y hay tres grandes bloques (presente, pasado —o pretérito— y futuro). Solo hay un presente, pero en el modo indicativo tenemos cinco pretéritos y dos futuros. El condicional ha sido considerado por algunos gramáticos como un modo, pero la mayoría lo sitúa como un *tiempo hipotético* dentro del modo indicativo, y hay dos.

En el capítulo correspondiente a este en *Redacción sin dolor*, 7ª edición, encontrará en qué consiste cada uno de estos tiempos. Aquí bastará con poner cada uno de ellos tanto en la nomenclatura académica actual (NAA) como en la de Andrés Bello (NAB) con un ejemplo tanto para los tiempos simples (los que se expresan en una sola palabra) como para los compuestos (expresados mediante el auxiliar conjugado *haber* + participio pasivo de la acción de que se trate).

Por otro lado, el **modo** [§12.2] expresa la actitud con la cual se percibe la acción, y hay tres: **indicativo**, **subjuntivo** e **imperativo**. Así, en el indicativo se afirma o niega una acción («Aureliano duerme» o «Aureliano no *duerme*»); en el subjuntivo denotamos duda o deseo, según el verbo del que suele depender, puesto que la mayoría de las veces lo encontramos en oraciones subordinadas («Mami, quiero que *vengas* temprano de trabajar» o «No estoy segura de que *vaya* mañana a trabajar»), y usamos el imperativo para pedirle u ordenarle algo a una segunda persona («Mar, *haz* —o *hacé*— tu tarea ahora mismo» o «Mar y Angélica, *hagan* —o *haced*— su (o *vuestra*) tarea ahora mismo» o «*Barra* la sala, señor, por favor»). Nótese que cuando se usa la segunda persona formal (*usted*, ya sea singular o plural) empleamos el subjuntivo como imperativo.

A continuación se presenta la NAA y la NAB (véase el apartado §12.3 de *Redacción sin dolor*, 7ª edición).

Tiempos de indicativo

NAA	NAB
Presente	Presente
Pretérito imperfecto	Copretérito
Pretérito perfecto simple	Pretérito
Pretérito perfecto compuesto	Antepresente
Pretérito anterior	Antepretérito
Pretérito pluscuamperfecto	Antecopretérito
Futuro	Futuro
Futuro perfecto	Antefuturo
Condicional	Pospretérito
Condicional perfecto	Antepospretérito

Tiempos de subjuntivo

NAA	NAB
Presente	Presente
Pretérito imperfecto	Pretérito
Pretérito perfecto	Antepresente
Pretérito pluscuamperfecto	Antepretérito
Futuro	Futuro
Futuro perfecto	Antefuturo

Tiempo de imperativo

NAA	NAB
Presente	Presente

Ejercicio 1

A. *En el siguiente texto, enumere y subraye todos los verbos conjugados, no importa en qué modo se encuentren.*

El Sapo

Volví a la cama: decidí que el sueño continuara donde se había interrumpido.

Lo tenía frente a mí, y no sabía qué hacer. Sus ojos redondos y saltones, que iban bien con su enorme cara, parecían querer decirme algo mientras fijaban la vista en la bolsa derecha de mi chamarra. Con tantos tubos conectados a sus brazos y pecho, y la máscara de oxígeno sobre su boca, se veía más pequeño de lo que recordaba, y un tanto deforme. No, ya no me parecía un gigante; podía mirarlo como lo que ahora era: un viejo enfermo que moriría como tenía merecido. Otros pacientes se quejaban; los aparatos hacían ruidos extraños y, a lo lejos, se escuchaba la radio de las enfermeras: *...y es que todos sabemos querer, pero pocos sabemos amar...*

—Anda, Sapo: levántate y enfréntame.

B. *En la siguiente tabla, escriba los verbos que encontró en el texto del ejercicio 1-A en la columna de la izquierda; en la de en medio, escriba en qué tiempo está cada verbo conjugado. Finalmente, en la de la derecha, anote en qué modo está expresado cada verbo.*

	verbo	tiempo	modo
1.			
2.			
3.			
4.			
5.			
6.			
7.			
8.			
9.			
10.			
11.			
12.			
13.			
14.			
15.			
16.			
17.			
18.			
19.			
20.			
21.			
22.			
23.			
24.			
25.			

Ejercicio 2

A continuación anote en la línea que sigue a cada verbo la persona y número, el tiempo y el modo en que están conjugados. Emplee las abreviaturas de la nomenclatura que prefiera.

EJEMPLOS:

1. *cargaba* 1ª o 3ª persona, singular; copretérito de indicativo
2. *habíamos cobrado* 1ª persona plural; antecopretérito de indicativo

o

1. *cargaba* 1ª o 3ª persona, singular; pretérito imperfecto de indicativo
2. *habíamos cobrado* 1ª persona plural; pretérito pluscuamperfecto de indicativo

1. tocó ______________________________
2. conversamos ______________________________
3. sostén ______________________________
4. escuchaste ______________________________
5. habrá dolido ______________________________
6. confundíamos ______________________________
7. hacé ______________________________
8. comulgarás ______________________________
9. tirarán ______________________________
10. obedece ______________________________
11. correrías ______________________________
12. habías valorado ______________________________
13. entregad ______________________________
14. protesten ______________________________
15. pasaran ______________________________
16. conjeturaron ______________________________
17. desviaran ______________________________
18. conversad ______________________________
19. han cotejado ______________________________
20. había escrito ______________________________
21. contraiga ______________________________
22. eras ______________________________
23. aceptáramos ______________________________
24. dirán ______________________________
25. viajaron ______________________________
26. explicá ______________________________
27. comuniques ______________________________
28. has gustado ______________________________
29. habrían hecho ______________________________
30. corregían ______________________________

Ejercicio 3

Elija 15 verbos de los 30 que hay en el ejercicio anterior y emplee cada uno en una oración simple o compuesta.

1. ____
2. ____
3. ____
4. ____
5. ____
6. ____
7. ____
8. ____
9. ____
10. ____
11. ____
12. ____
13. ____
14. ____
15. ____

Ejercicio 4

A. *Con ayuda del apartado §12.3.1.1 de* Redacción sin dolor, *7ª edición, «Presente», localice los usos (o matices) de los verbos en presente de las siguientes proposiciones.*

EJEMPLO:

En su artículo, la crítica literaria hace hincapié en las debilidades de la novela.
Presente histórico

1. Los narcotraficantes exigen, al igual que el ejército, obediencia ciega.

   ____
2. Llego a la casa dentro de unos días.

   ____
3. Cada año salen nuevos modelos de esa marca.

   ____

4. El comunicado no da la información suficiente.

5. En los Siglos de Oro surgen numerosos dramaturgos.

6. ¡Me encanta la leche con chocolate!

7. Si me haces caso, te irá bien en la vida.

8. El sol no deja de salir porque anochezca más tarde.

9. Resuelvo un ejercicio de tiempos verbales.

10. Compras las tortillas y regresas de inmediato.

11. Si me informas a tiempo, te doy más de lo que me pediste.

12. Al rato vamos al cine.

B. *Con ayuda del apartado §12.3.1.2 de* Redacción sin dolor, *7ª edición, «Pretérito imperfecto o copretérito», localice los usos (o matices) de los verbos en dicho tiempo de las siguientes proposiciones.*

EJEMPLO:

Todas las mañanas hacía gárgaras frente al espejo.
Pasado reiterativo

1. Tendía la cama, barría la sala y preparaba el desayuno.

2. Cintia hablaba por teléfono con su amante cuando su esposo llegó.

3. Perla iba a llamar a su amante cuando su marido llegó de sorpresa.

4. Si fuera inteligente, se casaba conmigo.

5. Quería preguntarle algo un tanto incómodo.

6. Volaba papalotes cuando empezó a lloviznar.

___

7. Ayunaba cada fin de semana.

___

8. Cuando las muchachas iban a salir a cantar, la gente ya se había retirado.

___

9. Empezaba a entrenar a las cinco de la mañana, desayunaba a las siete y salía a trabajar a las 8:30.

___

10. Para que ella te quisiera, necesitabas tener mucho dinero.

___

11. Deseaba consultarte este asunto urgente.

___

12. Granizaba en el momento en que le pidió matrimonio.

___

C. *Con ayuda del apartado §12.3.1.3 de* Redacción sin dolor, *7ª edición, «Pretérito perfecto simple o pretérito«, localice y subraye* **solo los verbos conjugados en dicho tiempo** *de las siguientes proposiciones.*

EJEMPLO:

Sergio comía por las tardes un helado de fresa hasta que se volvió alérgico.

1. Mi sobrina de dos años descompuso el celular que le había comprado su mamá.
2. Anoche perdí la bolsa Chanel que había heredado de mi abuela hacía muchos años.
3. Todas las mañanas preparaba café con leche y comía pan con mermelada.
4. La semana pasada nos pidieron que trajéramos ropa en buen estado para los damnificados del terremoto.
5. Fueron muchas las desilusiones que Amaranta sufrió antes de realizarse plenamente.
6. Corría y gritaba desesperadamente hasta que un policía lo auxilió.
7. No sabía cómo lo había hecho, y jamás me atreví a preguntárselo.
8. Habría sido difícil adivinar su pensamiento aunque su cara fuera expresiva.

9. Ricardo le cambió el aceite cuando ya no quedaba casi nada y casi se le descompuso el coche.
10. No pensaba con frecuencia en su marido, pero siempre creyó que había huido con aquella misteriosa mujer de rasgos finos.

D. *Con ayuda del apartado §12.3.1.4 de* Redacción sin dolor, *7ª edición, «Pretérito perfecto compuesto o antepresente», localice los usos (o matices) de los verbos en dicho tiempo de las siguientes proposiciones.*

EJEMPLO:

¡Al fin ha despertado el cumpleañero: a celebrar!
Pasado inmediato

1. No he querido que me ayudes porque no quiero ser una molestia.

____

2. ¿Has visto lo que acaba de hacer?

____

3. Han sido tremendamente descorteses con ellos desde que se comprometieron.

____

4. Hemos llegado temprano a la oficina toda la semana: merecemos un aumento.

____

5. Ha intentado pedirte dinero, pero no lo has comprendido.

____

6. ¿Han aprendido algo a lo largo de este curso?

____

Debido a que en la actualidad prácticamente no se usa el pretérito anterior (antepretérito) [§12.3.1.5] —*hube aguantado, hube corrompido, hube asustado*— baste con remitir al estudiante al apartado ya mencionado en caso de que desee indagar sobre este tiempo.

E. *Con ayuda del apartado §12.3.1.6 de* Redacción sin dolor, *7ª edición, «Pretérito pluscuamperfecto o antecopretérito», localice los usos (o matices) de los verbos en dicho tiempo de las siguientes proposiciones.*

EJEMPLO:

El gato empezó a rascar la puerta que Virginia había cerrado con sumo cuidado.
Pasado inmediato del pasado

1. Ya había comido cuando me invitaste ese día.

   ____

2. Cinco años antes de que trabajara en esa escuela, había estudiado ahí mismo.

   ____

3. Ismael no quería que Gabriela pensara que había jugado con ella todo ese tiempo.

   ____

4. Esa Navidad todos la envidiaron por el perfume que le habían regalado.

   ____

5. Ya que había comido, se dispuso a dormir la siesta.

   ____

6. Admitió, frente a todos sus invitados, que desde niña había soñado con ese día.

   ____

F. *Con ayuda del apartado §12.3.1.7 «Futuro», localice los usos (o matices) de los verbos en dicho tiempo de las siguientes proposiciones.*

EJEMPLO:

¿Algún día le pedirás que sea tu novio?
Futuro exhortativo

1. ¡Si serás ingrato!

   ____

2. A esta hora, dentro de una semana, tendré que tomar clase de nuevo.

   ____

3. Concluiremos que no es muy inteligente si no pasara el examen.

   ____

4. ¿Traerás algún día lo que te pedí?

   ____

5. El material de trabajo será responsabilidad de cada alumno.

6. No será muy simpático, pero qué inteligente es.

7. Lee, estudia y comprende: aprenderás mucho.

8. ¿Cómo será su nueva novia?

9. ¿Será capaz de salir sin permiso de sus papás?

10. Harás lo que se te ordene y nada más.

11. A pesar de que todos le harán caso, nadie en realidad la respetará.

12. Tendremos otro perro si tu hermana no quiere adoptarlo.

G. *Con ayuda del apartado §12.3.1.8, de* Redacción sin dolor, *7ª edición, «Futuro perfecto o antefuturo», localice los usos (o matices) de los verbos en dicho tiempo de las siguientes proposiciones.*

EJEMPLO:

Se habrá creído mucho de joven, pero ahora es muy modesto.
Pasado del presente

1. ¡Habrase visto tanta espontaneidad!

2. Habré contado los minutos antes de verte llegar.

3. No nos habrán creído, pero dijimos la verdad.

4. Nos habremos dicho muchas cosas feas, pero hoy vamos a casarnos.

5. Habrán cantado más de 100 veces los mismos villancicos cuando termine la temporada navideña.

6. ¡Que si lo habrá pensado detenidamente!

7. Habré sido muy *loca* en mi juventud, pero mi hija sí se casará de blanco.

____

8. La película habrá acabado cuando te dignes aparecer.

____

9. Tu tabla gimnástica parecerá sencilla, pero habrás entrenado mucho para que dé esa impresión.

____

10. Habremos hecho muchas promesas antes de terminar definitivamente.

____

H. *Con ayuda del apartado §12.3.1.9 de* Redacción sin dolor, *7ª edición, «Condicional o pospretérito», localice los usos (o matices) de los verbos en dicho tiempo de las siguientes proposiciones.*

EJEMPLO:

Fingió que no le interesaba, pero lo aceptaría cuando la vio casándose con otro.
Condicional de acción futura

1. Ella le diría que lo amaba, pero no lo demostraba en los hechos.

____

2. Si de veras tuviera ganas, lo haría.

____

3. Serían 150 pesos, por favor.

____

4. Aseguró que traería la cama hoy.

____

5. ¿Querría usted postre o café?

____

6. Yo sería más amable si él no fuera tan grosero.

____

7. No quería pintar el cuadro, pero terminaría haciéndolo porque necesitaba dinero.

____

8. Compartirían departamento, pero no se soportaban.

____

9. Sería incómodo que compartieran mesa.

____

10. Quedamos en que yo llevaría los adornos.

____

11. Un buen día ganó un millón de pesos, y ganaría otro millón dos años después.

____

12. ¿Me haría el honor de bailar esta pieza conmigo?

____

I. *Con ayuda del apartado §12.3.1.10 de* Redacción sin dolor, *7ª edición, «Condicional perfecto o antepospretérito», localice los usos (o matices) de los verbos en dicho tiempo de las siguientes proposiciones.*

EJEMPLO:

Me habría gustado conocerte unos años antes.
Condicional perfecto de probabilidad.

1. Si me lo hubieras dicho a tiempo, no habría llegado con vestido de coctel.

____

2. Quizá no lo habrían ofendido a propósito.

____

3. Habría sido machista, pero no realmente misógino.

____

4. ¿Habrían preferido que llegáramos un poco más tarde? Podemos volver después...

____

5. Si aún fuera niño, le habría bastado una bolsa de dulces.

____

6. Creí que no habrías hecho algo así en tu vida.

____

7. Hace unos años habrías dicho muchas verdades, pero no sé si alguien te escuchaba.

____

8. Creí que nadie habría tomado en serio mi libro.

____

9. Si se hubieran conocido 10 años antes, no se habrían casado.

____

10. Me habría encantado ir a la comida del Día del Maestro.

____

Ejercicio 5

Elija dos matices distintos de cada tiempo verbal de indicativo y escriba una proposición por cada uno en las líneas de abajo. Serán 20 oraciones simples o compuestas en total.

1. ______________________________
2. ______________________________
3. ______________________________
4. ______________________________
5. ______________________________
6. ______________________________
7. ______________________________
8. ______________________________
9. ______________________________
10. ______________________________
11. ______________________________
12. ______________________________
13. ______________________________
14. ______________________________
15. ______________________________
16. ______________________________

17. ____

____

18. ____

____

19. ____

____

20. ____

____

Ejercicio 6

A. *Con ayuda del apartado §12.3.2.1 de* Redacción sin dolor, *7ª edición, «Presente», localice los usos (o matices) de los verbos en presente de subjuntivo de las siguientes proposiciones.*

EJEMPLO:

¿No sé si le guste a mi novio cómo me vestí hoy.
Presente de subjuntivo con matiz de eventualidad o incertidumbre.

1. Volverá cuando yo quiera.

____

2. En cuanto me avise, te lo diré.

____

3. No creo que venga temprano.

____

4. Tan pronto como lo vea, se lo entrego.

____

5. No sé si necesite tenis o zapatillas.

____

6. ¿Crees que sepa la verdad?

____

B. *Con ayuda del apartado §12.3.2.2 de* Redacción sin dolor, *7ª edición, «Pretérito imperfecto o pretérito», localice los usos (o matices) de los verbos en dicho tiempo de subjuntivo de las siguientes proposiciones.*

EJEMPLO:

Quería que fuéramos a ver a sus papás temprano, así que no comimos.
Pasado netamente de anterioridad

1. Las indicaciones decían que usaran lápiz, pero están usando tinta.

___

2. Le urgía que le llevara los papeles, así que se los daré a las 17 horas.

___

3. Pidieron que yo trabajara para ellos, por lo que empiezo mañana.

___

4. Necesitábamos que vinieran todos porque tenemos algo importante que decirles.

___

5. Exigió que las verduras fuesen frescas, así que tuve que ir muy temprano al mercado.

___

6. Suplicaron que viéramos su filme antes que cerrase la convocatoria.

___

C. Con ayuda del apartado §12.3.2.3 de *Redacción sin dolor*, 7ª edición, «Pretérito perfecto o antepresente», localice los usos (o matices) de los verbos en dicho tiempo de subjuntivo de las siguientes proposiciones.

EJEMPLO:

Nadie cree que haya ido a Colombia por trabajo.
Pasado perfecto que funciona como imperfecto

1. Que hayas hecho la tarea no te autoriza a corregir a tus compañeros.

___

2. Apenas haya terminado la función, me llamas para que pase por ustedes.

___

3. Cuando hayan acabado la sopa, les servirás el plato fuerte.

___

4. Espero que me hayas hecho caso.

___

5. ¡Ojalá que haya entendido todo!

___

6. Cuando hayamos escogido las flores, estaremos listos.

____

D. *Con ayuda del apartado §12.3.2.4 de* Redacción sin dolor, *7ª edición, «Pretérito pluscuamperfecto o antepretérito», localice los usos (o matices) de los verbos en dicho tiempo de las siguientes proposiciones.*

EJEMPLO:

De todas formas, nadie me hubiera hecho caso.
Pasado con sentido de posibilidad

1. Tu jefe confió en que lo hubieses hecho bien.

____

2. Todas mis compañeras hubieran querido ir.

____

3. Yo creo que te hubiera encantado verlo.

____

4. No pensó que hubiéramos podido hacerlo mejor.

____

5. Yo hubiese preferido otro regalo.

____

6. No admitió que hubiera preferido otro regalo.

____

Debido a que los dos futuros de subjuntivo están en desuso [§12.3.2.5 y §12.3.2.6] —*cantare, corriere, subiere*; *hubiere candado, hubiere corrido, hubiere subido*— baste con remitir al estudiante a los apartados ya mencionados en caso de que desee indagar sobre estos tiempos.

Ejercicio 7

Elija 10 matices distintos de entre todos los tiempos verbales de subjuntivo y escriba una proposición por cada uno en las líneas de abajo.

1. ____

____

2. ____

____

3. ____
____
4. ____
____
5. ____
____
6. ____
____
7. ____
____
8. ____
____
9. ____
____
10. ____
____

El imperativo, como estudió en el apartado §12.3.3.1 de *Redacción sin dolor*, 7ª edición, solo se expresa en un tiempo (presente) y en una persona (2ª de singular y de plural).

Ejercicio 8

*Redacte 10 oraciones imperativas en las cuales practique todos los pronombres y conjugaciones de la segunda persona (*tú, vos, usted, vosotros, vosotras, ustedes*). Consulte el apartado §12.3.3.1 de* Redacción sin dolor, *7ª edición.*

1. ____
2. ____
3. ____
4. ____
5. ____
6. ____
7. ____
8. ____
9. ____
10. ____

Capítulo 13

Lógica temporal relativa

En este capítulo exploraremos las relaciones temporales que existen entre las acciones de los verbos dentro de cualquier escrito. Ya que uno sabe qué desea expresar por escrito, debe determinar cuál será el tiempo narrativo principal de su texto, y a partir de este sabrá conjugar los verbos cuya acción cae fuera de este tiempo narrativo. Los ejercicios siguientes servirán para ensayar estas relaciones de lógica temporal relativa.

Ejercicio 1

A. *Enseguida encontrará un párrafo cuyo tiempo narrativo principal es el presente. Subraye cada verbo conjugado e indique en qué tiempo está cada uno. Razone por qué motivos algunos no están conjugados en presente y, si tiene dudas, consulte los capítulos 12 y 13 de* Redacción sin dolor, *7ª edición; también puede revisar el capítulo 6 de* El corazón de la gramática *(igualmente, de Editorial Planeta) o el* Diccionario de la lengua española, *según sea la índole de sus cuestionamientos.*

Los encantados del parque

Raúl es (1) un niño a todas luces inquieto. Siempre corre (2) delante de su mamá cuando esta lo lleva (3) al parque a jugar, tal como lo hizo (4) ayer y antes de ayer. A veces la señora se distrae (5) y habla (6) con los vecinos, como hoy: el niño se dispara (7) hacia un pequeño bulto blanco sobre el pasto. Lo coge (8) con la mano, lo lleva (9) a la boca y está (10) a punto de tragárselo cuando su mamá se da cuenta (11) y lanza (12) un alarido que congela (13) a todos los presentes, incluyendo a Raulito. Nunca habían escuchado (14) grito semejante. «¡No comas (15) eso! ¡Nunca te metas (16) a la boca nada que encuentres (17) tirado!». El niño, todavía sin moverse, con los ojos vidriosos y la mano derecha a tres centímetros de la boca, suelta (18) la servilleta, la cual contiene (19) una deliciosa quesadilla con rajas y hongos, la cual bien podría estar (20) envenenada.

(1) ______________________________

(2) ______________________________

(3) ______________________________

(4) ______________________________

(5) ______________________________

(6) ______________________________

(7) ______________________________

(8) ______________________________

(9) ______________________________

(10) ______________________________

(11) ______________________________

(12) ______________________________

(13) ______________________________

(14) ______________________________

(15) ______________________________

(16) ______________________________

(17) ______________________________

(18) ______________________________

(19) ______________________________

(20) ______________________________

B. *Ahora encontrará un párrafo cuyo tiempo narrativo principal es el pasado. Subraye cada verbo conjugado e indique en qué tiempo está cada uno. Razone por qué motivos algunos no están conjugados en pasado y, si tiene dudas, consulte los capítulos 12 y 13 de* Redacción sin dolor, *7ª edición; también puede revisar el capítulo 6 de* El corazón de la gramática *(igualmente, de Editorial Planeta) o el* Diccionario de la lengua española, *según sea la índole de sus cuestionamientos.*

El nombre no es lo de menos

La joven no sabía [1] qué hacer. Nunca se había encontrado [2] en esa situación. A su compañero de clase lo comían [3] las ansias y no parecía [4] que se le irían a acabar [5] fácilmente. A cada rato quería [6] introducir la mano a su blusa y ella tenía que meter [7] el hombro entre los dedos invasores y la tierra prometida. «Estate [8] quieto —lo amonestó [9]—. Nos pueden ver [10]». A esa hora los estudiantes de la Facultad de Filosofía y Letras salían [11] de clase y tenían[12] por costumbre jugar futbol en los jardines aledaños. Pero como era [13] viernes, todos se habían ido a tomar [14] cerveza a las cantinas cercanas, situación que pensaba aprovechar [15] el muchacho. Ella veía [16] cada vez más mermada su resistencia y hallaba [17] cada vez menos pretextos para posponer la posibilidad de gozar un rato al hombre que tanto deseaba [18]. De ninguna manera se le escaparía [19]. «Está [20] bien —le susurró [21] al oído—, pero ya no me digas [22] Alana. Mi nombre es [23] Elena y me muero [24] de ganas».

(1) ______________________

(2) ______________________

(3) ______________________

(4) ______________________

(5) ______________________

(6) ______________________

(7) ______________________

(8) ______________________

(9) ______________________

(10) ______________________

(11) ______________________

(12) ______________________

(13) ______________________

(14) ______________________

(15) ______________________

(16) ______________________

(17) ______________________

(18) ______________________

(19) ______________________

(20) ______________________

(21) ______________________

(22) ______________________

(23) ______________________________

(24) ______________________________

C. *La narración siguiente está elaborada con el futuro como tiempo narrativo principal. Subraye cada verbo conjugado e indique en qué tiempos están. Razone por qué motivos algunos no están conjugados en futuro y, si tiene dudas, consulte los capítulos 12 y 13 de* Redacción sin dolor, *7ª edición; también puede revisar el capítulo 6 de* El corazón de la gramática *(igualmente, de Editorial Planeta) o el* Diccionario de la lengua española, *según sea la índole de sus cuestionamientos.*

Final feliz

Los días se le acabarán (1) pronto, pero sabrá (2) cómo llenar el tiempo que le queda (3). Terminará (4) sus días feliz y con la sensación de haber cumplido con el sagrado deber. Escuchará (5) cómo serán enunciados (6) sus nombres y apellidos. Caminará (7) con tranquilidad hacia el despacho del director, quien lo recibirá (8) con una sonrisa y apretón de manos. «Hijo de tu madre malparida —le dirá (9), con aire de gran regocijo, el jubilado a su exjefe—. No pensaba (10) que podrías caer (11) tan bajo», y soltará (12) una carcajada que los presentes, de momento, no sabrán interpretar (13). Sacará (14) por debajo de su chaqueta una pistola calibre 22. «¿Pensabas (15) que por viejo no me importaría (16) que coquetearas (17) y toquetearas (18) a mi mujer? Ella ya pagó (19) el precio de su lujuria, y ahora te toca (20) a ti, desgraciado». Y con esto apretará (21) el gatillo y acabará (22) con la vida de su exjefe antes de quitarse la suya, sin jamás enterarse de la verdad: que lo contado por su joven esposa había sido (23) una mentira absoluta que tenía (24) el inocente propósito de reavivar la chispa de romance otoñal que, tal vez, nunca debió prenderse (25).

(1) ______________________________

(2) ______________________________

(3) ______________________________

(4) ______________________________

(5) ______________________________

(6) ______________________________

(7) ______________________________

(8) ______________________________

(9) ______________________________

(10) ______________________________

(11) ______________________________

(12) ______________________________

(13) ______________________________

(14) ______________________________

(15) ______________________________

(16) ______________________________

(17) ______________________________

(18) ______________________________

(19) ______________________________

(20) ______________________________

(21) ______________________________

(22) ______________________________

(23) ______________________________

(24) ______________________________

(25) ______________________________

Ejercicio 2

A. *Enseguida encontrará un párrafo cuyo tiempo narrativo principal deberá ser el presente. Puede elegir de entre los infinitivos que se le ofrecen abajo, o usar otros, los que más adecuados le parezcan, y conjugarlos en el tiempo que corresponda según la lógica temporal relativa del texto. Lo importante es que el escrito tenga sentido y que se mantenga la lógica temporal relativa del plano narrativo.*

Infinitivos que se recomienda conjugar (puede haber muchas otras opciones): descansar, dormir, perderse, estar, encontrarse, construir, construirse, ser, parecer, llevar, tener, poseer, hacer, dar, venir, surgir, salir, bastar, holgar, sobrar, caber, regalar, obsequiar, aventar, invitar, adoptar, acoger, cuidar, ayudar, proteger, amparar, saber, intuir, ir, vagar, partir, dirigirse, terminar, acabar, cerrar, dejar, abandonar, olvidar.

«Chuletas para Chuletas», por favor

Chuletas nunca ______________ (1) durante la hora del almuerzo junto a la obra que ______________ (2) al lado del parque. ______________ (3) un cruce entre collie y basset hound. ______________ (4) seis meses vagando por la colonia y ______________ (5) migas con todos los niños y perros del vecindario. ______________ (6) una alegre disposición y un cuerpo harto extraño que ______________ (7) la impresión de ser una chuleta. De ahí ______________ (8) el apodo. También, ______________ (9) decirlo, el apodo le ______________ (10) justicia a su mayor gusto: echarse al plato un buen taco de costilla que le ______________ (11) cualquiera de los albañiles que lo ______________ (12) ______________ y que lo ______________ (13) celosamente. Chuletas no ______________ (14) adónde ______________ (15) cuando ______________ (16) la obra, pero ______________ (17) que nunca ______________ (18) a sus amigos.

B. *Enseguida encontrará un párrafo cuyo tiempo narrativo principal deberá ser el pasado. Puede elegir de entre los infinitivos que se le ofrecen abajo, o usar otros, los que más adecuados le parezcan, y conjugarlos en el tiempo que corresponda según la lógica temporal relativa del texto. Lo importante es que el escrito tenga sentido y que se mantenga la lógica temporal relativa del plano narrativo.*

Infinitivos que se recomienda emplear conjugados (puede haber muchas otras opciones): levantaría, alzaría, llevaría, llegarían, arribarían, despegar, elevarse, navegar, examinar, repasar, verificar, revisar, supervisar, contar, referir, narrar, relatar, recordar, inventar, imaginar, concebir, enfilarse, dirigirse, marcharse, estar, permanecer, seguir, dar, girar, llegar, percibir, advertir, oírse, escucharse, venir, provenir, emanar, ir, entrar, moverse, mandar, exigir, ordenar, hacer, realizar, efectuar, encontrar, hallar, descubrir, callar, cesar, terminar, dar, otorgar, conceder, entrar, llegar, ver, observar, advertir, asomarse, salir, aventurarse, presentarse, descubrirse, contar, narrar, relatar, perderse, extraviarse, desviarse, confundirse, tripular, viajar, andar, volar, navegar, explorar, basarse, fundarse, cimentarse, tener que decidir, tener que elegir, tener que escoger.

La verdadera historia de *E.T.*

El cohete que ______________ (1) el *shuttle* cuyos tripulantes ______________ (2) a la estación espacial en cuestión de horas ______________ (3) sin problemas. Los astronautas ______________ (4) rutinariamente los controles de rigor. Además, ______________ (5) chistes e historias que sus abuelos ______________ (6) acerca de la vida en el espacio. La nave ______________ (7) hacia la estación. Todo ______________ (8) en orden. Después del acoplamiento, el capitán ______________ (9) la orden para abrir la escotilla. En ese momento ______________ (10) la primera señal de alarma: ______________ (11) un leve quejido, como si ______________ (12) de un perro u otro animal herido. «¡No ______________ (13)! –______________ (14) a su lugarteniente–.

______________ (15) un barrido virtual antes de proceder». Pero con el equipo de vigilancia no ______________ (16) nada. Los quejidos ______________ (17)), y tras una hora de espera, NASA ______________ (18) el visto bueno para proceder. Cuando ______________ (19) a la diminuta cocineta de la estación, ______________ (20) una alacena ligeramente entreabierta. Por el resquicio ______________ (21) un solo dedo larguísimo. Al parecer, ______________ (22) ante los terrícolas el primer polizón extraterrestre. Después, a señas, este les ______________ (23) de qué manera ______________ (24) la nave espacial en que ______________ (25) con sus compañeros, todos los cuales ______________ (26) trágicamente. En esta historia ultrasecreta ______________ (27) Steven Spielberg unos tres años después para elaborar el guion original de su película E.T. El cineasta ______________ (28) entre cambiar el argumento o vivir el resto de sus días en una cárcel dentro de la estación espacial.

C. *Ahora tocará un párrafo cuyo tiempo narrativo principal deberá ser el futuro. Puede elegir de entre los infinitivos que se le ofrecen abajo, o usar otros, los que más adecuados le parezcan, y conjugarlos en el tiempo que corresponda según la lógica temporal relativa del texto. Lo importante es que el escrito tenga sentido y que se mantenga la lógica temporal relativa del plano narrativo.*

Infinitivos que se recomienda emplear conjugados (puede haber muchas otras opciones): encender, prender, arrancar, llenar, colmar, henchir, revolucionarse, abrir, brincar, palpitar, gozar, sentir, experimentar, percibir, advertir, durar, pasar, parar, detener, frenar, haber, avanzar, poder avanzar, recorrer, poder recorrer, andar, poder andar, saludar, sonreír, perder, llegar, arribar, acercarse, llenar, inundar, erizar, dejar, producirse, originarse, permitir, posibilitar, levantar, subir, poner, activar, volverse, convertirse, transformarse, subir, trepar, encaramar, dividir, separar, sentir, percibir, oír, escuchar, advertir, ser, pagar, decir, enjaretar, endilgar, espetar, llevar, traer, tener, quedar, dejar, llorar, gritar, gemir, llorar, sufrir, padecer, emplear, tardar, demorar, sentir, experimentar, acercar, aproximar, estar, decir, poder decir, explicar, poder explicar, anunciar, poder anunciar, demostrar, acreditar, probar, confirmar, informar, confesar, creer, asaltar, acabar de asaltar, robar, acabar de robar, atracar, acabar de atracar, llevarse, robarse, hurtar, desvalijar, comprar, comprarse, adquirir, usar, utilizar.

El dinero no siempre compra felicidad

______________ (1) el motor de tu flamante Mustang descapotable. Te ______________ (2) de emoción su potencia y gracia cuando ______________ (3) con un leve toque de tu pie sobre el acelerador. ______________ (4) la puerta eléctrica del garaje de tu residencia en las Lomas. Tu corazón ______________ (5) y ______________ (6) un exquisito cosquilleo en los brazos y manos al tocar la palanca de velocidades antes de emprender tu primer viaje por la gran ciudad. Poco te ______________ (7) la dicha. A 20 metros de tu casa te ______________ (8) detrás de un enorme camión de volteo. No ______________ (9) escapatoria hasta el tercer cambio de semáforo, cuando ______________ (10) unos 10 metros antes de quedarte detenido entre un vochito modelo 73 y un ciclista que te ______________ (11) amablemente antes de seguir adelante, con precaución, entre los dos carriles atestados. Pronto lo ______________ (12) de vista. ______________ (13), media hora después, al cruce con el Periférico, 400 metros distante de tu casa. En ese momento te ______________ (14) de terror al escuchar el primer trueno seguido de un relámpago que por poco te ______________ (15) ciego, pero del coraje porque ______________ (16) un corto en el sistema eléctrico, el cual no ______________ (17) que ______________ (18) la capota de tu hermoso automóvil que pronto se ______________ (19) en una tina apenas ambulante. Desesperado, con la idea de enfilarte hacia el suroeste, te ______________ (20) al camellón que ______________ (21) los dos sentidos de la avenida. Cuando de nuevo ______________ (22) un asomo de alegría, ______________ (23) el inconfundible ulular de una patrulla, seguido de una grúa hambrienta de pasaje. «______________ (24) una multa de 500 salarios mínimos joven», te ______________ (25) con toda calma el oficial. Como no ______________ (26) efectivo, sino puras tarjetas de crédito oro y platinum, no te ______________ (27) otra más que entregar tu semental de 435 caballos de fuerza. ______________ (28) desconsolado al verlo partir, chorreando agua por las puertas, como si él también ______________ (29). ______________ (30) exactamente ocho minutos para regresar a pie a tu casa, bañarte y pensar en volver a salir a encontrar un cajero automático, sacar efectivo y trasladarte al corralón. ______________ (31) felicidad de nuevo conforme te ______________ (32) al lugar donde ______________ (33) secuestrado al objeto de tu deseo. Pero, ¿cómo te lo ______________ (34)? Al llegar y presentar los documentos que ______________ (35) tu identidad como dueño de un Mustang descapotable, te ______________ (36): «¿Qué ______________ (37), don? Nos ______________ (38) y ______________ (39) su auto. ¿Por qué no mejor ______________ (40) una bicicleta?».

Ejercicio 3 A, B y C

Elabore tres textos breves. El A *narrará un episodio en el presente. El* B *lo hará en el pasado. El* C *empleará el futuro como tiempo narrativo principal. Recuerde respetar la lógica temporal relativa de los verbos que no narran hechos dentro del plano narrativo principal.*

A. ______________________________

B. ______________________________

C.

Respuestas a los ejercicios

Primera parte: Estructura de la oración

Capítulo 1. Sujeto y predicado

Ejercicio 1

1. *frase*
2. *oración*
3. *oración*
4. *frase*
5. *frase*
6. *frase*
7. *oración*
8. *oración*
9. *oración*
10. *frase*

Ejercicio 2

1. *sujeto: Los soldados / Predicado: se arrastraron por los lodos de la selva.*
2. *sujeto: [Tácito] / Predicado: Entró en la sala con ganas de molestar a todos.*
3. *sujeto: Josué / Predicado: Sin prejuicios, decidió darle una oportunidad.*
4. *sujeto: la cultura indígena / Predicado: Todavía resiste a pesar de 500 años de menosprecio de parte de la mentalidad europea.*
5. *sujeto: [Tácito] / Predicado: Habla del amor y otros demonios.*
6. *sujeto: [Tácito] / Predicado: ¿Llegaste bien?*

7. *sujeto: La brisa con olor a eucalipto / Predicado: me recordó la infancia.*
8. *sujeto: los perros / Predicado: Se acercaron de manera peligrosa.*
9. *sujeto: [Tácito] / Predicado: No tuve tiempo de reaccionar antes de sentir sus labios en los míos.*
10. *sujeto: [Tácito] / A pesar de todo, seguimos adelante.*

Ejercicio 3

1. *arrastraron*
2. *entró*
3. *decidió*
4. *resiste*
5. *habla*
6. *llegaste*
7. *recordó*
8. *acercaron*
9. *tuve*
10. *seguimos*

Ejercicio 4

1. *simple*
2. *compuesta*
3. *simple*
4. *compuesta*
5. *compuesta*
6. *compuesta*
7. *simple*
8. *compuesta*
9. *compuesta*
10. *compuesta*

Ejercicio 5

Núcleos de predicado

1. *fueron*
2. *<u>gusta</u> / conviene*
3. *llegaban*
4. *pidió / dije / había*
5. *<u>atrevieron</u> / <u>esperaron</u>*
6. *pudimos / <u>atrevimos</u>*
7. *es*

8. <u>*abstuviste*</u> */ dije / participaras*
9. <u>*avisé*</u> */ debía*
10. <u>*regalaron*</u> */ quería*

Sujetos

1. *las grabadoras de cinta*
2. *su actitud*
3. *los gemidos procedentes de la otra habitación*
4. *[tácito]*
5. *Olivia y Pablo / [tácito]*
6. *[tácito]*
7. *La política o un pasatiempo ingrato [oración copulativa con atributo nominal]*
8. *tú*
9. *[tácito]*
10. *mis papás*

Ejercicio 6

1. *las enciclopedias*
2. *tácito [yo]*
3. *Ernesto y yo*
4. *tácito [tú]*
5. *tres años*
6. *el policía*
7. *los pasteles de queso con frambuesa dulce*
8. *tácito [nosotros]*
9. *la televisión comercial que se transmite en la mayor parte del mundo / O: una amenaza para la salud mental [Se trata de una oración copulativa con atributo nominal. Ojo: La primera opción incluye una oración subordinada adjetiva especificativa: que se transmite en la mayor parte del mundo]*
10. *tácito [tú]*

Ejercicio 7
(Composición libre del alumno)

<u>Capítulo 2. El sujeto y sus complementos</u>

Ejercicio 1

1. *la secretaria (simple)*
2. *mi coche (simple)*

3. *los cantantes de radio y televisión (simple)*
4. *el gobernador, los diputados y los senadores (complejo)*
5. *yo (simple)*
6. *Propercio (simple)*
7. *la memoria USB y la impresora (complejo)*
8. *siete niños de la calle (simple)*
9. *el arroz con pollo (simple)*
10. *los servicios de mensajería (simple)*

Ejercicio 2

1. *papeles*
2. *correcciones*
3. *virus*
4. *comer / beber*
5. *datos / información*
6. *arroz*
7. *Eloy*
8. *lo malo / lo peor*
9. *Ustedes / padres*
10. *queja*

Ejercicio 3

Ejemplos de sujetos simples:

1. *La hermana de Pedro*
   Núcleo: *hermana*
2. *La niña bonita*
   Núcleo: *niña*
3. *Dulces de nuez con piña*
   Núcleo: *dulces*

Ejemplos de sujetos complejos:

1. *Los peces amarillos y las tortugas marinas*
   Núcleo: *peces / tortugas*
2. *Los tres mosqueteros, sus escopetas*
   Núcleo: *mosqueteros / escopetas*
3. *La tierna infancia o la adolescencia dolorosa*
   Núcleo: *infancia / adolescencia*

Ejercicio 4

1. *la gente*

2. *tácito [la gente]*
3. *el dinero*
4. *tácito [muchas familias]*
5. *el país*
6. *tácito [nosotros]*
7. *tácito [una generación desnutrida]*
8. *tácito [una generación desnutrida]*
9. *ningún niño*
10. *tácito [yo]*

Ejercicio 5

1. *directos: la, búlgara*
2. *directo: los / indirecto: hoy*
3. *directos: tres, tristes*
4. *directo: el / indirecto: jefe / directo del indirecto: el*
5. *directo: las / indirecto: azúcar*
6. *directo: la / indirecto: paraíso / directo del indirecto: el*
7. *directo: la / indirecto: ti*
8. *directos: una, magnífica*
9. *directo del indirecto: mi / indirecto: terapia*
10. *directo: los / indirecto: Bartók*

Ejercicio 6

1. *No hay modificador indirecto*
2. *hoy (de)*
3. *No hay modificador indirecto*
4. *jefe (de)*
5. *azúcar (con)*
6. *paraíso (a)*
7. *ti (sin)*
8. *No hay modificador indirecto*
9. *terapia (de)*
10. *Bartók (de)*

Ejercicio 7

(Los sujetos sugeridos como ejemplo aparecen en letra negrita. El alumno debe inventar los suyos).

1. **El novio de mi vecina** *aceptó salir conmigo.*
2. **Los perros** *burlaron la vigilancia.*

3. **El reo** *come tres veces al día.*
4. **Mi primo** *pintó 30 cuadros ayer.*
5. **Tú** *me gustas enormemente.* [Esta sí es la única posibilidad]
6. **Las hamburguesas y las papas fritas** *no están listas.*
7. **Berta y Micaela** *son hermanas de la caridad.*
8. **Ese político y todo su partido** *se venden al mejor postor.*
9. **El XVI y el XVII** *son los Siglos de Oro.* [Esta sí es la única posibilidad]
10. **Shakespeare y Miguel de Cervantes** *escribieron las mejores obras.*

Ejercicio 8
(Seguramente los alumnos usarán sinónimos y otras opciones lógicas. Estas respuestas dan la idea general).

<u>Las huelgas de hambre</u> son una medida extrema. Con frecuencia recurren a ellas <u>los obreros</u> y <u>los campesinos</u> porque solo así pueden hacer que se escuchen sus demandas. Por desgracia, cuando la huelga de hambre se vuelve una práctica cotidiana, <u>nadie</u> la toma en cuenta. Si los huelguistas no ingieren líquidos, no pueden durar con vida mucho tiempo. Por esto, <u>quienes eligen esta forma de protesta</u> casi siempre aceptan que se les administre suero intravenoso. <u>Las huelgas de hambre</u> son lamentables, pero en tiempos de profunda crisis, <u>estas medidas [estas]</u> se convierten en una herramienta poderosa para quienes carecen de poder.

Capítulo 3. El predicado y sus complementos

Ejercicio 1

1. *verbo*
2. *verbo*
3. *gerundio*
4. *verbo*
5. *verbo*
6. *infinitivo*
7. *participio activo*
8. *verbo*
9. *verbo*
10. *participio pasivo*
11. *participio pasivo*
12. *verbo*
13. *participio activo*
14. *gerundio*

15. *infinitivo*

Ejercicio 2 (libre para el alumno)
Ejemplos para los números 5, 6 y 7:

5. *Nos* **gustamos** *enseguida.*
6. *A Helena le encanta* **conversar** *con su tía.*
7. *El* **doliente** *no pudo sonreír hasta muchos días después.*

Ejercicio 3

1. *exigieron*
2. *hizo*
3. *han*
4. *informó*
5. *entrará*
6. *enloqueció*
7. *Obtuvieron*
8. *quedó*
9. *muere*
10. *son*
11. *posee*
12. *burlan*

Ejercicio 4

1. *avisaron / quiere*
2. *es / amas*
3. *urge /des /muera*
4. *Está /compuso*
5. *fundó / prosperó*
6. *afirma / es / sea*
7. *queremos / pretende*
8. *empezaron / había*
9. *entiendo / quieres / creo / tienes*
10. *piensas / es / has*

Ejercicio 5

1. *el estéreo*
2. *mi inocencia*
3. *el aceite de su coche*
4. *una cooperación de mil dólares*

5. *ese asunto delicado*
6. *las hojas*
7. *todas las marcas olímpicas*
8. *la verdad*
9. *café*
10. *detalles tan pequeños*

Ejercicio 6

1. *Mi hermano* **lo** *descompuso.*
2. **La** *perdí hace muchos años.*
3. *Juan* **lo** *cambió.*
4. *El día de ayer* **la** *pidieron sorpresivamente.*
5. *Te* **lo** *encargo.*
6. *La máquina* **las** *está manchando (o: ...está manchándo***las***).*
7. *Ese corredor* **las** *rompió.*
8. *Los políticos no siempre* **la** *dicen.*
9. *Todas las mañanas* **lo** *prepara.*
10. *A veces* **los** *olvido.*

Ejercicio 7

Ejemplos de respuestas. Los alumnos deben elaborar las suyas.

1. *Perdió su blusa.*
2. *Encontró los aretes de brillantes detrás del edificio.*
3. *Ensayaron la obra durante tres semanas.*
4. *¿No sabes dónde esconder los cigarros?*
5. *Fue encubriendo a sus hijos cuidadosamente.*
6. *¡Te cuidas de mencionar el nombre de ese señor en mi presencia!*
7. *Me enjaretó a su prima sin avisar.*
8. *¿Cuándo borraste las calificaciones?*
9. *Debiste haberme prestado los exámenes.*
10. *Me vendió el coche el verano pasado en Viena.*

Ejercicio 8

Nota: la sintaxis, en algunos casos, puede variar sin afectar el sentido de las oraciones.

1. *Las pistas aéreas fueron bloqueadas por los policías durante 48 horas.*
2. *Todo lo que ellos dijeron fue refutado por mí.*
3. *No contiene complemento directo.*
4. *Las elecciones serán calificadas por expertos internacionales.*

5. *Demencia fue fingida por los tres.*
6. *Retenes fronterizos serán instalados por ti a la brevedad.*
7. *No contiene complemento directo.*
8. *No contiene complemento directo.*
9. *Las pérdidas del año pasado fueron criticadas severamente por ellas.*
10. *No contiene complemento directo.*

Ejercicio 9-A

1. *Úrsula hará la promesa.*
2. *Edison inventó el fonógrafo.*
3. *Los generales firman el tratado de paz.*
4. *Músicos húngaros tocaban el cuarteto de Mozart.*
5. *Marta recibió la llamada.*
6. *Los muchachos gastarán el dinero.*
7. *Adán alcanzaría la meta ayer.*
8. *Quince concejales integraron la junta.*
9. *Los niños dicen la verdad.*
10. *Amalia desmintió esa versión.*

Ejercicio 9-B

1. *Úrsula* **la** *hará.*
2. *Edison* **lo** *inventó.*
3. *Los generales* **lo** *firman.*
4. *Músicos húngaros* **lo** *tocaban.*
5. *Marta* **la** *recibió.*
6. *Los muchachos* **lo** *gastarán.*
7. *Adán* **la** *alcanzaría ayer.*
8. *Quince concejales* **la** *integraron.*
9. *Los niños* **la** *dicen.*
10. *Amalia* **la** *desmintió.*

Ejercicio 10

1. *sus hijos*
2. *los huérfanos*
3. *ti*
4. *al invitado*
5. *al futuro*
6. *al maestro*
7. *esa maldita computadora*

8. *su jefe*
9. *la embajadora*
10. *la princesa difunta*

Ejercicio 11

1. **Les** *enviaron el dinero.*
2. **Les** *comprarán zapatos.*
3. **Te** *dedicó un libro.*
4. *La señora* **le** *ha servido la copa.*
5. **Le** *dedicó su sinfonía.*
6. *No* **le** *digas esa tontería.*
7. *Está entregándo***le** *su vida.*
8. **Le** *ahorró por lo menos tres horas.*
9. **Le** *robaron la cena.*
10. **Le** *dedicarán la canción.*

Ejercicio 12

1.	*CD: una casa antigua*	*CI: los recién llegados*
2.	*CD: este departamento celestial*	*CI: mí*
3.	*CD: el cuadro de Monet*	*CI: ti*
4.	*CD: boletos falsificados*	*CI: los turistas*
5.	*CD: un programa de cómputo*	*CI: al alumno nuevo*
6.	*CD: el seguro*	*CI: al coche*
7.	*CD: el esfuerzo*	*CI: nosotros*
8.	*CD: la décima*	*CI: Laura y Teresa*
9.	*CD: el manuscrito*	*CI: al maestro*
10.	*CD: el aguinaldo*	*CI: los trabajadores*

Ejercicio 13

1. **La** *vendieron a los recién llegados.*
2. *¿A mí [me]* **lo** *alquilarás?*
3. *A ti [te]* **lo** *vendieron muy barato.*
4. *A los turistas no debieron entregar***los.**
5. **Lo** *grabaron al alumno nuevo.*
6. *¿***Lo** *quitaste al coche?*
7. **Lo** *reconocerán a nosotros.*
8. *A Laura y Teresa* **la** *leyeron.*
9. *¿Quién* **lo** *pasó al maestro?*
10. *Por fin* **lo** *entregaron a los trabajadores.*

Ejercicio 14

1. **Les** *vendieron una casa antigua.*
2. *¿***Me** *alquilarás este departamento celestial?*
3. **Te** *vendieron el cuadro de Monet muy barato.*
4. *No debieron entregar***les** *boletos falsificados.*
5. **Le** *grabaron un programa de cómputo.*
6. *¿***Le** *quitaste el seguro?*
7. **Nos** *reconocerán el esfuerzo.*
8. **Les** *leyeron la décima.*
9. *¿Quién* **le** *pasó el manuscrito?*
10. *Por fin* **les** *entregaron el aguinaldo.*

Ejercicio 15

1. **Se la** *vendieron.*
2. *¿***Me lo** *alquilarás?*
3. **Te lo** *vendieron muy barato.*
4. *No debieron entregár***selos.**
5. **Se lo** *grabaron.*
6. *¿***Se lo** *quitaste?*
7. **Nos lo** *reconocerán.*
8. **Se la** *leyeron.*
9. *¿Quién* **se lo** *pasó?*
10. *Por fin* **se lo** *entregaron.*

Ejercicio 16 (libre para el alumno)

Ejercicio 17

1. *materia*
2. *agente*
3. *medio / instrumento*
4. *lugar o destino (depende del contexto)*
5. *modo o medio (depende del contexto)*
6. *medio, instrumento, modo (depende del contexto)*
7. *modo*
8. *tiempo*
9. *causa*
10. *finalidad*
11. *lugar*
12. *modo, medio o instrumento (depende del contexto)*

13. *destino*
14. *finalidad*
15. *destino o lugar (depende del contexto)*
16. *destino o lugar (depende del contexto)*
17. *lugar*
18. *compañía (depende del contexto)*
19. *concesión*
20. *destinatario*

Ejercicio 18

Ejemplos de respuestas posibles. El alumno deberá redactar las suyas.

1. *Sabina galopa en su caballo* **de madera.**
2. *Te lo prestaré* **con mucho gusto**.
3. *Lo vi* **con un telescopio**.
4. *Lugar: Vivo* **a tres kilómetros** *de aquí. / Destino: Voy* **a tres kilómetros** *de aquí.*
5. *Modo o medio: Se lo hice saber* **por escrito**.
6. *Medio: La sangre se bombea* **con el corazón**. / *Modo: Lo dijo* **con el corazón** *en la mano.*
7. *Eso se hace* **simplemente**.
8. *Reprobó* **el año pasado**.
9. **Por enfermedad**, *faltó al trabajo.*
10. *Hizo estallar la bomba* **para ganar tiempo**.
11. **Aquí** *estoy.*
12. *Se vengó* **por mano propia**.
13. *Va* **hacia Madrid.**
14. *Planeó todo solo* **para verte**.
15. *Destino: Me dirijo* **al norte** *del país. / Lugar: Vivo* **al norte** *de la ciudad.*
16. *Destino: Voy* **cerca de aquí**. / *Lugar: Mónica está* **cerca de aquí**.
17. *Así se hacen las cosas* **en México**.
18. *Fue al cine* **con su mamá**.
19. **A pesar de todo**, *lo ama.*
20. *Esa obra es* **para todo público**.

Ejercicio 19

1. *CPV*
2. *CC (tiempo)*
3. *CPV* *CC (lugar)*
4. *CC (tiempo)*

5. *CPV*
6. *CC (lugar)*
7. *CC (lugar)*
8. *CPV*
9. *CC (tiempo)* *CPV*
10. *CPV*

Ejercicio 20

Estos son algunos ejemplos de lo que los alumnos podrán escribir. Las posibilidades combinatorias son casi infinitas. No deben usar, tal cual, ninguno de estos ejemplos.

El desgraciado de tu marido manifiesta la esencia de la televisión actual en un abrir y cerrar de ojos.

Los desmanes de tu hermanita descalifican mi buen gusto de manera totalmente inexplicable pero divertida.

Las opiniones vertidas en mi contra importunaron a la suegra de Karl Marx desde una perspectiva global.

Capítulo 4. Oraciones compuestas

Subcapítulo 4A

Ejercicio 1

1. *coordinación (pero)*
2. *subordinación (que)*
3. *subordinación (cuales)*
4. *subordinación (aunque)*
5. *simple* [hay un solo verbo conjugado]
6. *subordinación (que)*
7. *coordinación* [por yuxtaposición, con punto y coma] *(;)*
8. *coordinación* [por yuxtaposición —con coma— y con la conjunción *y*, pues se trata de oraciones seriadas] *(,) (y)*
9. *simple* [hay un solo verbo conjugado]
10. *coordinación (ni)* [solo el segundo *ni* coordina, ya que el primero es —en realidad— un *no* enfático]

Ejercicio 2

(Estos son solo tres ejemplos. Los estudiantes harán los propios).

1. *Fuimos al cine pero ya habíamos visto todo.*
2. *La bomba no explotó: estábamos aburridos.*
3. *No había nada que hacer y se amaron locamente.*

Ejercicio 3

1. *subordinación (que)*
2. *subordinación (que)*
3. *coordinación (y)*
4. *subordinación (que)*
5. *coordinación (y)*
6. *subordinación (que)*
7. *subordinación (cuándo)*
8. *encabalgamiento [no hay relación gramatical ni serie que justifique la coma]*
9. *coordinación [por yuxtaposición] (;)*
10. *subordinación (cuyos)*

Ejercicio 4

(Estos son algunos ejemplos. Los alumnos deben preparar los suyos).

1. *Tú estás de acuerdo en que tu hermana declare su inteligencia superior.*
2. *Tengo una urgencia increíble, así que me resulta suficiente su propuesta.*
3. *Me dijiste por teléfono que escribirías la carta ayer.*

Subcapítulo 4B

Ejercicio 1

(Estos son ejemplos. Los estudiantes habrán de redactar los suyos).

1. *de sujeto. El hecho de que me quieras no significa que yo deba quererte.*
2. *de* CD. *Pienso que tienes mucho que decir.*
3. *de* CI. *Daré consejos a quien quiera azul celeste.*
4. *dentro del* CPV. *Siempre se acuerda de lo que pasaba en la escuela cada lunes.*
5. *dentro del* CC. *Camino hacia quienes protestan.*

Ejercicio 2

(Estos son algunos ejemplos. Los alumnos deben preparar los suyos).

Quien quiera tienda tendrá que atenderla.
El hecho de que grites no significa que yo deba hacer lo mismo.
Las que escriben buenos libros permanecerán en la historia.

Ejercicio 3

(Estos son algunos ejemplos. Los estudiantes deben preparar los suyos).

1. *Mis primos siempre alegan* **que son los más guapos de la familia.**
2. *Los médicos no siempre tienen* **lo que necesitan para curar a la gente.**

3. *Los fabricantes anunciaron* **que habrá rebajas en todos los productos.**
4. *El candidato propuso* **a la que tenía más experiencia en el cargo.**
5. *¿Quién puede negar* **que es talentosísimo?**
6. *Sergio quiere* **que encarcelen a los asesinos.**
7. *Siempre olvido* **que cumple años el 27 de septiembre.**
8. *Anoche mi esposa intuyó* **que estoy organizándole una fiesta sorpresa.**
9. *Tú no aceptaste* **que me operara.**
10. *El juez dedujo* **que primero entraron por la ventana, después vaciaron la caja fuerte y luego huyeron por la puerta, no sin antes haber robado las llaves.**

Ejercicio 4

(Estos son algunos ejemplos. Los alumnos deben preparar los suyos).

1. *Dale las gracias a quien te aplicó el examen.*
2. *Niégale la entrada al que te traicionó.*
3. *No olvides propinarles una golpiza a aquellos que te asaltaron.*
4. *A quienes les interesaba, el juez comunicó los detalles del arresto de Javier.*
5. *Es recomendable inventar muy buenas excusas a quien puede expulsarte de la escuela.*

Ejercicio 5

A.

1. *Dentro de 60 años* se acordará *de todo.*
2. *Sansón confió demasiado en su fuerza.*
3. *Lalo se enfrentaba con sus miedos cada día.*
4. *Antes de ese domingo, Lucrecia no había incurrido en ningún delito.*
5. *Cada miércoles voy con zapatillas al cine.*

B.

(Estos son algunos ejemplos. Los alumnos deben preparar los suyos).

1. *Dentro de 60 años se acordará* **de lo que hizo en su juventud.**
2. *Sansón confió demasiado* **en que tenía enorme fuerza física.**
3. *Lalo se enfrentaba* **con aquello que lo atemorizaba** *cada día.*
4. *Antes de ese domingo, Lucrecia no había incurrido* **en lo que le imputan los medios.**
5. *Cada miércoles voy* **con los que me encantan** *al cine.*

Ejercicio 6

A.

1. *No me insultes delante de mis alumnos.*
2. *Haré lo indicado a pesar de los problemas.*
3. *Caminamos al lado de los familiares afectados.*

B.

(Estos son algunos ejemplos. Los alumnos deben preparar los suyos).

1. *No me insultes delante de* **quienes vienen a clases.**
2. *Haré lo indicado a pesar de* **lo que dicen los políticos.**
3. *Caminamos al lado de* **quienes luchan por la justicia.**

Subcapítulo 4C

Ejercicio 1

1. *Tengo ganas de confeccionar un traje sastre que combine con mi bolso.*
2. *Quiero que me des un sándwich que me satisfaga realmente.*
3. *¿Viste al hombre que salió corriendo de la tienda?*
4. *Nadie quiso el platillo que fue preparado por tu tía.*
5. *En Egipto ejecutaron a terroristas que habían matado a turistas extranjeros.*
6. *Se encontró un antídoto para un veneno que destruye neuronas indiscriminadamente.*
7. *Los periodistas homenajearon a los jugadores que se habían negado a aceptar un reglamento racista.*
8. *El gobernador vetó un proyecto de ley que prohibía la libre circulación de materiales políticos.*
9. *La fuerza aérea no quiso adquirir el avión que una firma inglesa acababa de anunciar.*
10. *Todos felicitaron a la madre del niño que había rescatado a un policía.*

Ejercicio 2

1. *El telescopio escudriña la Vía Láctea, que* [o *la cual*] *es la galaxia de nuestro sistema solar.*
2. *Develaron una placa dedicada a la memoria de John F. Kennedy, quien* [o *que* o *el cual*, pero se prefiere *quien* porque aparece el nombre propio] *fue muerto en Dallas, Texas, en noviembre de 1963.*
3. *Aún no se publican las memorias de Octavio Paz, quien* [o *que* o *el cual*, pero se prefiere *quien* porque aparece el nombre propio] *ganó el Premio Nobel en 1990.*

4. *Hubo una epidemia de cólera en California, cuya frontera sur colinda con México.*
5. *A mi hermano le interesan las propiedades del hidrógeno, el cual* [o *que*] *es uno de los elementos más abundantes en el universo.*
6. *En América se desconoce el urbanismo de la Alemania socialista de Weimar, el cual* [o *que*] *creó viviendas públicas tanto frugales como estéticas.*
7. *Ana María luchó durante años por estrenar su obra en Broadway, que* [o *la cual*] *es la zona donde más teatros hay en Nueva York.*
8. *Todo el grupo se trasladó a Brasil, el cual* [o *que*] *es el país más grande de América del Sur.*
9. *Recordamos a cada rato esa escuela, que* [o *la cual*] *fue reconocida como la más progresista.*
10. *Todavía se especula acerca de Alejandro Magno, cuya fecha exacta de nacimiento aún se desconoce.*

Ejercicio 3
(Hay varias respuestas posibles).

1. *Nací en Puerto Rico, donde la gente es bondadosa y hospitalaria. (lugar)*
2. *Murió el premio Nobel Octavio Paz cuando acababa de cumplir 84 años. (tiempo)*
3. *Porque tú me lo habías aconsejado, decidí estudiar latín. (causa)*
4. *Sebastián corre su bicicleta en el velódromo como lo hacías tú. (modo o comparación)*
5. *Debido a que querían sentar un precedente, los agentes judiciales decidieron respetar los derechos humanos de los detenidos. (causa)*
6. *Ve a la tienda, ya que necesito tres litros de leche y 15 minutos de tranquilidad. (causa)*
7. *Tendrá que repetir el año porque no aprobó el curso de Química. (causa)*
8. *Si hablara francés, consideraría pasar mis vacaciones en París. (condicional)*
9. *Por mucho que insistas, no me casaré contigo. (concesiva)*
10. *Mi mamá bajó la ropa de la azotea justo cuando empezó a llover. (tiempo)*

Ejercicio 4
(Estos son algunos ejemplos. Los alumnos deben preparar los suyos).

1. *Compré el regulador de voltaje donde venden computadoras. (lugar)*
2. *Fui a comer al restaurante de mi primo cuando se me acabó el dinero. (tiempo)*
3. *Sembré las flores como lo indica el sitio en internet. (modo)*

4. *Así como siembras, [así] cosecharás. (comparación)*
5. *Para que puedas terminar tu tesis, te voy a comprar una computadora. (finalidad)*
6. *El candidato de izquierda estaba tan indignado que decidió boicotear el partido de futbol. (consecutiva)*
7. *A pesar de que besas como diosa, no me dejaré engatusar por tus encantos. (concesiva)*
8. *Si el clima lo permite, nos quedaremos adentro. (condicional)*
9. *Nunca me amó realmente, que yo sepa. (restricción)*
10. *Caerá cuan largo es. (intensidad)*
11. *Alfredo desayunó huevos rancheros, mientras que Leonardo pasó hambres. (contraste)*
12. *Nada hay que hacer, salvo que baje el dólar. (excepción)*
13. *Beatriz es sumamente hermosa, amén de que tiene una cuenta bancaria respetable. (adición)*
14. *Ya que no me hiciste caso, no te compraré un helado de piñón. (causa)*

Ejercicio 5
(Este es un ejemplo. Los alumnos deben elaborar su propia versión).

Los jóvenes suelen sentirse oprimidos por sus padres, quienes —según los primeros— no comprenden las necesidades de la juventud actual. Han olvidado: ya no saben el significado de ser joven aunque ellos, en su época, también quisieron ser libres. Deseaban salir del yugo parental, pero ahora solo ven reglas y buscan imponer formas que a ellos les gustan, a pesar de que tal vez sus hijos no las entiendan. Quizá estos no tienen por qué entenderlas, pues quieren sus propias reglas, sus propias formas: necesitan experimentar, encontrar caminos auténticos para ellos. Los padres, por serlo y gracias a sus años, sí acumulan sabiduría, por lo que pueden enseñar mucho a sus hijos, como evitar los baches en los que ellos mismos cayeron antes. Deben comprender —no obstante— que los jóvenes quieren comunicarse con sus papás, pero que desean hacerlo a su manera, no según fórmulas, ni mucho menos bajo amenazas. El respeto es la clave; hay que comprender a los jóvenes, quienes también deben intentar comprender a sus padres.

Ejercicio 6
(libre para el alumno)

Segunda parte: Puntuación

Capítulo 5. La coma [,] y el punto [.]

Ejercicio 1

(solo se usó el punto para separar las oraciones encabalgadas)

1. *La gente discute muchos temas difíciles.* **A** *veces no la entiendo.*
2. *Los avances tecnológicos abundan.* **A***yer leí un artículo interesantísimo acerca de viajes intergalácticos.*
3. *Los mapas de carreteras pueden resultar confusos.* **E***l otro día me perdí irremediablemente gracias a uno de ellos.*
4. *El director de esa película es polaco.* **F***ilmó varias cintas durante la década pasada.*
5. *Los problemas de la física son complejos.* **A***lgunos dicen que son aún más complejos que los de la metafísica.*
6. *La seguridad en las fábricas es importantísima.* **E***n 1911 murieron 146 costureras en un incendio en Manhattan por falta de medidas de seguridad.*
7. *Occidente necesita reexaminar su relación con Oriente.* **P***ueden surgir muchísimos problemas si no lo hace.*
8. *El deporte internacional es importante.* **A***lgunos creen que se trata de una religión.*
9. *Los bajos sueldos de los trabajadores deprimen la economía de muchos países.* **L***a* ONU *ha reconocido que es necesario elevar el nivel de vida de todos los que ganan un salario.*
10. *Este ejercicio trata el uso del punto.* **E***n otro se verá el uso de la coma.*

Ejercicio 2

(Los puntos y las mayúsculas aparecen en letra **negrita***)*

Cuando terminó de acomodarse el polvo, nos dimos cuenta de que ningún edificio permanecía en pie. **P***or donde pudiera verse, había destrucción.* **C***aminamos durante lo que parecía una eternidad.* **L***os únicos comestibles que teníamos eran tres bolsas de papas fritas y una cantimplora.* **L***o demás se había perdido en la trifulca.* **P***or fin salimos de lo que, suponíamos, era la ciudad y vimos unos cuantos árboles todavía verdes.* **P***ensábamos que se trataba de un espejismo.* **U***no nunca sabe qué puede presentarse en estos casos.* **M***ás adelante, los pocos árboles se convertían en bosque.* **N***os sorprendimos sobremanera cuando descubrimos que había también un río.* **A***l principio no nos atrevimos a tomar el agua.* **L***a sed pudo más que nosotros, y al tercer día decidimos que tendríamos que correr el riesgo.* **N***os agachamos* *para saborear el líquido cuando de repente se fue la luz.* **Ya** *no pudimos seguir con el videojuego.*

Ejercicio 3-A

1. *En cualquier biblioteca debe haber novela, poesía, ensayo, teatro, cuento y biografía.*
2. *Las ciudades más importantes de América del Sur son Buenos Aires, Río de Janeiro, Santiago, Lima, Quito, Caracas, Bogotá, La Paz, Montevideo, Asunción.*
3. *Bach, Beethoven, Mozart, Haydn, Schubert y Schumann se encuentran entre los grandes de los siglos XVIII y XIX.*
4. *A nadie le gustan las personas engreídas, prepotentes, lascivas e irrespetuosas.*
5. *Para el niño es importante aprender, jugar, crecer, sentirse querido.*
6. *El progreso a veces llega lenta, dolorosa e inesperadamente.*
7. *Los sobrinos siempre me piden dulces y chocolates y pasteles y dinero y videojuegos y lo que tú quieras. (No hacen falta las comas porque están las conjunciones «y» en su lugar).*
8. *A Parménides nunca le interesaron los modales ni el buen gusto ni nada de eso. (No hacen falta las comas porque están las conjunciones «ni» en su lugar).*
9. *Las fiestas decembrinas son de, para y por el pueblo.*
10. *Llegaron el Tigres y el Pumas, el Águilas y el Serpientes, el Mastodontes y el Hipopótamos de Lujo y el Mirameinometoques a disputar el campeonato nacional de nombres chistosos de equipos deportivos.*

Ejercicio 3-B
(Libre para el alumno)

Ejercicio 3-C

1. *No hay nada como salir a correr, llegar a bañarse, ver las noticias y echarse a dormir.*
2. *Gritando improperios, amenazando a diestra y siniestra, mostrando una cara de orate encendido, echando espuma por la boca, hizo acto de presencia el director de la escuela.*
3. *El verde aceituna, el rojo cereza, el gris oxford, el azul cielo son mis colores favoritos para el cabello.*
4. *Para mí eres una monedita de oro, un estuche de monerías, la divina garza envuelta en huevo, la mamá de los pollitos.*

5. *Envié el comunicado al director actual, al presidente en turno, al secretario de la mesa, al vocal que fue nombrado ayer y a la señora de la limpieza.*

Ejercicio 3-D

1. *f*
2. *i*
3. *a*
4. *j*
5. *b*
6. *h*
7. *g*
8. *c*
9. *e*
10. *d*

Ejercicio 3-E

1. *Llegaron sin avisar, saquearon los archiveros, tiraron todos los libros y metieron virus en la red.*
2. *Recibieron la ropa, la separaron por colores, la pusieron a remojar y la echaron toda en la misma lavadora.*
3. *Me duele la cabeza, una muela no me deja en paz, tengo el pie izquierdo hecho trizas, necesito anteojos y mañana voy a casarme.*
4. *Cuando le dio la gana, como quiso, sin que le importara nada lo hizo. O: Cuando le dio la gana, como quiso, sin que le importara nada, lo hizo.*
5. *¿Desayunaste temprano, fuiste al gimnasio, te bañaste con agua de rosas y viniste a trabajar en fachas?*
6. *Los estudiantes comen tacos de canasta, los maestros llevan su propia comida a la escuela, los directores procuran que haya espacios adecuados para que su personal y alumnado no se mueran de hambre.*
7. *El día que tú quieras, en el momento que tú dispongas, a la hora que más te parezca podrás pedirme ese beso que aquí te guardo. O: El día que tú quieras, en el momento que tú dispongas, a la hora que más te parezca, podrás pedirme ese beso que aquí te guardo.*
8. *Es increíble cuánto necesitan entrenar los atletas, cuán temprano deben levantarse todos los días, con qué disciplina tienen que comer para llegar al campeonato.*
9. *Me urge que me traigas tu foto más reciente, me escribas un currículo, me elabores un proyecto para el año que entra y que estés aquí en media hora.*

10. *Durante la Conquista mataron a la mayoría de los indígenas, saquearon las riquezas naturales, quisieron suprimir los idiomas autóctonos y crearon una subclase de mano de obra barata que persiste hasta nuestros días.*

Ejercicio 3-F

1. *Llamaron insistentemente, dejé sonar el teléfono varias veces, contestó mi marido y le colgaron.*
   Variante de B
2. *Tania llega de trabajar, se lava las manos, se cambia de ropa y de zapatos, calienta comida en el microondas, se sienta a la mesa frente al televisor todos los días.*
   A
3. *Sobeida platica con su compañera, Clementina toma notas, Alfonso manda mensajes de texto, David escucha con atención al profesor.*
   B
4. *Clotilde escucha música, ve un programa de televisión y hace la tarea cuando cuida a sus hermanos menores.*
   Variante de A
5. *Los trabajadores levantaban el pavimento de la calle principal, las señoras alzaban a sus perros para llegar a la banqueta, los ciclistas esquivaban los baches, los automovilistas desviaban su camino mientras yo desayunaba en el café al aire libre.*
   B
6. *Jacinto lanzó la cuerda a su hermana, esta se la amarró a la cintura, los hombres jalaron con fuerza, la muchacha salió del pozo y todos celebraron.*
   Variante de B
7. *Hace algunos años Bertha cantaba ópera, bailaba ballet, componía música y dirigía sus propios espectáculos.*
   Variante de A
8. *Seth se ilusionó, hizo planes, compró un boleto, preparó la maleta, esperó unos meses y fue a visitar a sus padres.*
   A
9. *Las luces se atenúan, el director alza la mano derecha, entran los violines, las violas y el violonchelo aguardan, las flautas traversas empiezan a sonar justo a tiempo.*
   Variante de B
10. *Los asnos rebuznan, las vacas mugen, los gatos maúllan, los perros ladran, los leones rugen.*
    B

Ejercicio 3-G
(Libre para el estudiante)

Ejercicio 4

1. *El soldado se quedó dormido unos 30 minutos antes del amanecer, y los informes especificaban que no se trataba de la primera vez.*
2. *Podemos comprar pescado, pollo, carne molida, y preparar un festín.*
3. *No creo que Rosario tenga tiempo suficiente para preparar los documentos, ni resulta factible que el departamento de Contabilidad tenga los recursos suficientes para procesarlos.*
4. *Ayer fui al cine con mi prima, mi hermana, mi cuñado, y su mamá nos recogió después de la función.*
5. *Ni se trata de presionarlo ni de permitir la prolongación de esta circunstancia tan adversa.*
6. *No quiero nada de ti ni de tus padres, ni tienes razones para creer que es así.*
7. *Salieron de la fábrica y se dirigieron al Congreso del Trabajo.*
8. *Quiero contarte toda mi vida y deseo que me escuches con atención. O: Quiero contarte toda mi vida, y deseo que me escuches con atención [en caso de que creamos posible que pueda entenderse deseo como sustantivo que puede seriarse erróneamente con vida].*
9. *Siempre traes a la casa a tus amigos, tus compañeros de trabajo, los vagos de la esquina, y ya no estoy dispuesto a soportarlo.*
10. *Necesito que compres en el supermercado un kilo de zanahorias, dos kilos de papas y medio kilo de chícharos.*

Ejercicio 5-A

1. *La política*, **otra manera de hacer la guerra,** *es pasión de muchos.*
2. *Andrea llegó ayer desde Buenos Aires, Argentina*, **con 15 horas de atraso**.
3. *Las ideas de Benito Juárez*, **el Benemérito de las Américas,** *son de gran actualidad.*
4. *Las costas de Chile*, **país de gran tradición marina,** *atraen a cientos de miles de turistas cada año.*
5. *Creemos en la grandeza de España*, **que es un país formado a la sombra de las tres grandes tradiciones monoteístas.**
6. *El tren que descarriló venía desde Cusco*, **ciudad que dista unos 50 kilómetros del lugar del siniestro.**
7. *Las variaciones Goldberg*, **del compositor alemán Johann Sebastian Bach,** *datan de 1742.*

8. *La economía*, **ciencia no siempre exacta,** *toca todos los tejidos sociales.*
9. *La vida bajo las dictaduras militares*, **si eso puede llamarse vida,** *no es fácil ni exenta de peligros.*
10. *Los obreros textiles*, **que no fueron indemnizados según la ley,** *se manifestaron enfrente del Palacio de Gobierno.*

Ejercicio 5-B

1. *La política,* **que nunca ha sido una de mis actividades preferidas,** *es pasión de muchos.*
2. *Andrea llegó ayer desde Buenos Aires*, **ciudad a la cual volvería sin pensarlo dos veces,** *con 15 horas de atraso.*
3. *Las ideas de Benito Juárez*, **cabeza del movimiento de Reforma en México,** *son de gran actualidad.*
4. *Las costas de Chile*, **cuyo gobierno fue víctima de un golpe militar en 1973,** *atraen a cientos de miles de turistas cada año.*
5. *Creemos en la grandeza de España*, **lugar donde se prepara el mejor gazpacho del mundo.**
6. *El tren que descarriló venía desde Cusco*, **antigua capital del imperio inca.**
7. *Las variaciones Goldberg*, **piezas encantadoras compuestas para clave,** *datan de 1742.*
8. *La economía*, **aunque muchos no quisieran admitirlo,** *toca todos los tejidos sociales.*
9. *La vida bajo las dictaduras militares*, **una verdadera cicatriz en la piel del mundo supuestamente moderno,** *no es fácil ni exenta de peligros.*
10. *Los obreros textiles*, **quienes no recibieron el trato que les fue prometido,** *se manifestaron enfrente del Palacio de Gobierno.*

Ejercicio 6-A

1. *Me gusta*, **Luis,** *tu nuevo libro.*
2. *Me dijo Adriana que ella misma iba a dibujar el palacio*, **Andrés**.
3. *Oye*, **mi amigo,** *esta canción de los Beatles.*
4. *Corre*, **Alfredo,** *y no te dejes atrapar por las garras de Epigmenia.*
5. *Me gustan las garras de Epigmenia*, **Alfredo,** *pero no tanto.*
6. *¡Despierta*, **mi bien,** *despierta!*
7. **David,** *agarra la onda antes que sea demasiado tarde.*
8. *David agarró la honda*, **Saúl,** *y mató a Goliat.*
9. *Protejamos nuestros derechos*, **ciudadanos.**
10. *Nuestros derechos ciudadanos son importantes*, **Nerón**.

Ejercicio 6-B
(Ejemplos)

1. *¿A qué le tiras, **mexicano,** cuando sueñas?*
2. *¡Óyeme bien, **bueno para nada**!*
3. ***Chaparrita,** ¿a qué hora sales al pan?*

Ejercicio 7-A

1. *La semana pasada comimos pay de queso; esta semana, pastel de chocolate.*
2. *El académico puede tardar años en publicar sus investigaciones; los periodistas, unas cuantas horas.*
3. *Enrique estudió Química; Martina, Matemáticas; Roberta, Arqueología; Sofía, Letras.*
4. *Estos libros fueron publicados en Madrid; aquellos, en Toledo; esos, en Buenos Aires.*
5. *Shakespeare fue un gran dramaturgo inglés; Molière, francés; Lope, español.*
6. *Josefina se dedica a escribir; Leonora, a actuar; Nathanael, a cocinar; Alejandro, a cantar; Dana, a corregir.*
7. *A mí me gustan las películas de arte; a Manuel, las de acción; a Hilda, las de aventuras; a Ariadna, las de terror.*
8. *En los países desarrollados, el asesinato es un delito que amerita las primeras planas; en los países en vías de desarrollo, un inconveniente demasiado común; en México, el pasatiempo de los narcotraficantes.*
9. *La obra de teatro que vi hace dos años se llamaba* Olimpia 68; *la que vi el año pasado,* El autobús; *la que vi ayer,* Lejos, volar.
10. *Micaela canta en La Scala; Carmen, en la ópera de la Bastilla; Violeta, en la Ópera Metropolitana de Nueva York; Sonia, en la regadera.*

Ejercicio 7-B
(Ejemplos)

1. *Yo estudié canto; mi hermana, actuación; mi primo, danza.*
2. *A Jorge le gusta la miel; a mí, el piloncillo.*
3. *Marta tiene dos novios; María, tres.*

Ejercicio 8

1. *Te casarás, aunque no quieres hacer una gran fiesta [sinónimo de* pero*]. O: Te casarás aunque no quieres hacer una gran fiesta [sinónimo de* a pesar de que*].*

2. *Te casarás aunque no quieras hacer una gran fiesta [solo puede ser sinónimo de* a pesar de que*].*
3. *Es terca mas simpática.*
4. *Es tonto pero guapo.*
5. *Quieres casarte, pero jamás lo harías con quien detestas.*
6. *Quieres divorciarte aunque no puedes [solo puede ser sinónimo de* a pesar de que*].*
7. *No deseas casarte, sino que quieres tener muchos amantes.*
8. *No debes mentir sino decir la verdad.*
9. *Es bueno ser precavido pero no temeroso.*
10. *Es bueno ser precavido aunque no conviene ser temeroso [como sinónimo de* a pesar de que*]. O: Es bueno ser precavido, aunque no conviene ser temeroso [como sinónimo de* pero*].*
11. *Marcela teme a las alturas aunque vuela en avión cada semana [como sinónimo de* a pesar de que*]. O: Marcela teme a las alturas, aunque vuela en avión cada semana [como sinónimo de* pero*].*
12. *Marcela teme a las alturas, mas vuela en avión cada semana.*
13. *Harán una gran fiesta, pero solo vivirán en unión libre.*
14. *No harán una gran fiesta, sino que solo vivirán en unión libre.*
15. *Su vestido de graduación no será rojo sino morado.*

Ejercicio 9-A

1. ***La sintaxis original es mejor y no necesita coma.***
2. ***La sintaxis original es mejor:*** *Que los policías hayan declarado tal o cual cosa, a ojos vistas comprueba que han procedido conforme a Derecho. O: Que los policías hayan declarado tal o cual cosa a ojos vistas, comprueba que han procedido conforme a Derecho.*
3. ***Favor de pasar a firmar el registro de inmediato*** *quien no lo haya hecho.*
4. ***La sintaxis original es mejor y no necesita coma.***
5. ***A mí me tiene perfectamente sin cuidado*** *lo que el señor Velázquez dijo o no dijo en la reunión del jueves pasado. O:* ***Me tiene perfectamente sin cuidado*** *lo que el señor Velázquez* ***me*** *dijo o no* ***me*** *dijo en la reunión del jueves pasado.*
6. ***La sintaxis original es mejor y no necesita coma.***
7. ***La sintaxis original es mejor y no necesita coma.***
8. ***Algún día será reflejado en la historia universal de la confusión posmoderna*** *todo cuanto tú podrás decir y hacer en este mundo vuelto de cabeza. O:* ***Será reflejado en la historia universal de la confusión***

***posmoderna** todo cuanto tú podrás decir y hacer en este mundo vuelto de cabeza algún día.*

9. ***Actualmente** las computadoras más modernas que vemos en Las Vegas se encuentran a la venta en casi todas las tiendas especializadas. O: **Actualmente** se encuentran a la venta, en casi todas las tiendas especializadas, las computadoras más modernas que vemos en Las Vegas.*
10. ***No merece calificativo de ser humano** aquel que se atreva a gritar fuego en un cine lleno de humanidad. O tal como estaba, pues la coma no hace falta realmente.*

Ejercicio 9-B

1. *Las gramáticas que se publicaron antes de este siglo, todavía guardan cierta vigencia.*
   ***Todavía guardan cierta vigencia** las gramáticas que se publicaron antes de este siglo.*
2. *Las especificaciones de la impresora que me mandaste desde el taller la mañana de ayer, todavía requieren una revisión detallada.*
   ***Todavía requieren una revisión detallada** las especificaciones de la impresora que me mandaste desde el taller la mañana de ayer.*
3. *Los vendedores de seguros que yo conozco no siempre ganan lo suficiente para mantener una familia de cuatro.*
   ***No siempre ganan lo suficiente para mantener una familia de cuatro** los vendedores de seguros que yo conozco.*
4. *Quien lo dijo debe presentarse aquí.*
   ***Debe presentarse aquí** quien lo dijo.*
5. *Los manuscritos de los autores sudamericanos que enviaron sus trabajos al concurso deben ser leídos con especial cuidado.*
   ***Deben ser leídos con especial cuidado** los manuscritos de los autores sudamericanos que enviaron sus trabajos al concurso.*
6. *Aquellos que desean irse pueden hacerlo.*
   ***Pueden irse** aquellos que desean **hacerlo**.*
7. *Quien no conoce el amor, perfectamente puede escribir poesía. O: Quien no conoce el amor perfectamente, puede escribir poesía.*
   ***Perfectamente puede escribir poesía** quien no conoce el amor. O: **Puede escribir poesía** quien no conoce el amor **perfectamente**.*
8. *Los neoliberales de este fin de siglo apenas tienen idea de lo que está sufriendo la gente mientras espera que la riqueza gotee de los bolsillos de las 500 personas más ricas del mundo.*

La coma no hace falta, puesto que el sujeto de la oración principal no es ni incluye oración subordinada. La original es la mejor sintaxis.

9. *Todo lo que se entiende en estos días como acto de solidaridad puede confundirse fácilmente con cinismo o sentimentalismo mal encaminado.* ***Fácilmente puede confundirse con cinismo o sentimentalismo mal encaminado*** *todo lo que se entiende en estos días como acto de solidaridad.*
10. *Los políticos que evitan a toda costa escuchar la voluntad popular deberán aguzar el oído si no quieren figurar en la historia universal de la infamia.* ***Deberán aguzar el oído, si no quieren figurar en la historia universal de la infamia,*** *los políticos que evitan a toda costa escuchar la voluntad popular. O:* ***Si no quieren figurar en la historia universal de la infamia,*** *los políticos que evitan a toda costa escuchar la voluntad popular deberán aguzar el oído. O:* ***Si no quieren figurar en la historia universal de la infamia, deberán aguzar el oído*** *los políticos que evitan a toda costa escuchar la voluntad popular.*

Ejercicio 10-A

1. *A pesar de tus objeciones debemos seguir adelante con el proyecto.*
2. *Cerca de la esquina de Reforma e Insurgentes encontramos el tigre que se había escapado del zoológico.*
3. *Con trabajos, casi sin aliento los exploradores llegaron al oasis urbano conocido comúnmente como la cantina.*
4. *A partir del mes de mayo la sequía empezó a matar centenares de cabezas de ganado.*
5. *En agosto, burlándose de las autoridades, las sectas militaristas decidieron lanzar una campaña intensiva de desestabilización.*
6. *Sencillamente, con aire de total confianza, de un saco de tela simple sacó su primera novela.*
7. *Con dirección al sur de la ciudad los manifestantes empezaron a caminar animadamente.*
8. *Para estar acorde con los tiempos, con la finalidad de conseguir resultados óptimos todos deben presentarse a trabajar con ropa ligera a partir de mañana.*
9. *Por razones de fuerza mayor el mes de diciembre será pospuesto hasta nuevo aviso.*
10. *Contra viento y marea, bajo una ola expansiva de vituperios de la crítica especializada, la coreografía llegó por fin a su público.*

Ejercicio 10-B

1. *Encima de la mesa arrojó los víveres.*
2. *Con infinito desparpajo llegó a despedir a los empleados.*
3. *En aquel edificio, a las tres de la tarde, después de horas de buscarlo encontró a su hermano.*
4. *En una taza rota con las iniciales de un agente de la KGB me sirvió café frío.*
5. *A pesar de que accidentalmente le rompí los dientes con una de mis famosas patadas voladoras siguió amándome.*
6. *Para obtener un puesto dentro de la Secretaría, criticó severamente al secretario de Educación.*
7. *En un cómic que no le gustó al presidente, externó sus dotes de crítico social. O: En un cómic que no le gustó, al presidente externó sus dotes de crítico social.*
8. *Regularmente, vía correo electrónico y por redes sociales Alberto se comunica con extraterrestres. O: Vía correo electrónico y por redes sociales, Alberto se comunica con extraterrestres regularmente.*
9. *Debido a la crisis financiera, el ingeniero no da muestras de actuar.*
10. *Con un tenedor y un palo de madera amenazó a los invasores de su terreno.*

Ejercicio 11-A

1. *Tengo que hacer una reseña sobre una serie de libros para niños, importados.*
2. *Se venden blusas para mujeres, guangas.*
3. *Tocaré esa pieza, siempre y cuando me prestes la partitura.*
4. *Compraré un coche de transmisión automática, azul.*
5. *Como me advirtió, tarde llegó. O: Como me advirtió tarde, llegó. [Depende del sentido que quiera darle el redactor].*
6. *Debo contar a las niñas, bien.*
7. *Compró una mesita de noche, barata.*
8. *Estamos buscando una cafetera que no queme el café, con un cable de por lo menos dos metros.*
9. *Vimos un filme de terror, que se nos antojó muy moderno. O: Vimos un filme de terror que se nos antojó, muy moderno. [Depende del sentido que quiera darle el redactor].*
10. *Los campesinos rezaron por el alma de los muertos, cuando regresaron de recoger la cosecha.*

Ejercicio 11-B

1. *Tengo que hacer una reseña sobre una serie de libros importados para niños.*
2. *Se venden blusas guangas para mujeres.*
3. *Siempre y cuando me prestes la partitura, tocaré esa pieza.*
4. *Compraré un coche azul de transmisión automática.*
5. *Llegó tarde, como me advirtió. O: Como tardó en advertirme, llegó. [Llegó alguien de cuya existencia sabríamos por contexto].*
6. *Debo contar bien a las niñas.*
7. *Compró barata una mesita de noche.*
8. *Estamos buscando una cafetera con un cable de por lo menos dos metros que no queme el café.*
9. *Se nos antojó muy moderno un filme de terror que vimos. O: Se nos antojó ver un filme de terror muy moderno.*
10. *Cuando regresaron de recoger la cosecha, los campesinos rezaron por el alma de los muertos.*

Ejercicio 11-C

1. *Controlando su furia, la esposa engañada cerró la puerta silenciosamente.*
2. *Llegado el momento, tú sabrás qué hacer.*
3. *Habiendo leído el periódico de principio a fin, se dispuso a dormir la siesta.*
4. *Midiendo sus palabras, el investigador hizo la pregunta que estaba en boca de todos.*
5. *Ya preparados los alimentos, los cocineros pudieron descansar un rato.*
6. *Vencido sobre la lona, el pugilista se levantó para felicitar al nuevo campeón.*
7. *Alzando la voz, se dio cuenta de que todos se habían callado repentinamente.*
8. *Habiendo insinuado lo peor, el hombre sostuvo que no había acusado a nadie de nada.*
9. *Ya que el coche estaba destrozado, nadie pudo volver a casa ese domingo.*
10. *Empleadas las comas correctamente, resulta mucho más fácil leer y entender cualquier escrito.*

Ejercicio 11-D
(Ejemplos)

1. *Previendo el resultado, el alumno no se presentó a recoger su calificación.*
2. *Aprobada la ley, todos estaremos protegidos.*
3. *Conociendo su carácter, no me sorprende el que lo hayan dejado.*

Ejercicio 11-E

1. *Si vuelves a amenazarme, te acuso con la Sociedad Protectora de Animales.*
2. *Como no me digas la verdad, verás de lo que estoy hecha.*
3. *El técnico estipuló que la garantía quedará sin efecto si el cliente abre el televisor.*
4. *Regina dijo que trasplantaría el helecho si le buscas una buena maceta.*
5. *Donde te vea coqueteando con otra, no te prestaré mi maquillaje.*
6. *Si no se te cae ese diente de aquí al viernes, el ratón no te traerá nada.*
7. *Los Reyes Magos no traen regalos a los niños si se portan mal.*
8. *Si acumulas 24 visitas al cine, te darán una tarjeta de invitado especial platino.*
9. *Los equipos visitantes no querrán jugar, si no garantizamos su seguridad.*
10. *No debemos comprar ese coche si el seguro no está incluido.*

Ejercicio 11-F

1. *Por desgracia, tendremos que escuchar el discurso hasta el final.*
2. *Tristemente, se enteró de que no habían aprobado su solicitud.*
3. *Sin duda, el avión romperá la barrera del sonido.*
4. *A ojo de buen cubero, llegaremos dentro de cuatro horas.*
5. *Con mucho cuidado redactaron una carta a los embajadores de Marte. [En este caso, la frase adverbial sí está modificando al verbo* redactaron; *por eso no deben separarse con coma aun cuando halla inversión sintáctica].*
6. *Afortunadamente, el paciente murió sin conocer la verdad.*
7. *Con todo, no podremos aceptar una petición sin la firma del interesado.*
8. *Rápidamente, el maestro se dio cuenta de su error.*
9. *Bien a bien, no sabemos cuándo terminarán estas obras.*
10. *Increíblemente, llegó en primer lugar.*

Ejercicio 12
(Las comas que siguen de asterisco son discrecionales)

El aire que envolvía a la Ciudad de México brillaba con una transparencia conmovedora. Los rayos del sol refulgían en los cristales de la Casa del Lago y en la superficie del agua. Volvían aún más verdes las hojas que sonaban con el viento en las copas de los árboles, y su luz iluminaba las caras de los niños que jugaban sobre el pasto. Ese sábado, al mediodía,* podían verse los volcanes claramente desde el Castillo de Chapultepec. El Popocatépetl* *lucía majestuoso bajo su manto de nieve. A su lado, * el Ixtacíhuatl realmente parecía una mujer dormida.*

—¡Mira, Andrés! ¿Ya ves por qué valió la pena subir hasta acá?

Verónica Pastor andaba tres pasos más adelante de su hermano. Ella tenía 13 años —casi 14, según ella—, y Andrés acababa de cumplir 12 en septiembre, pero era alto para su edad. En cuanto sus papás salieron del departamento para asistir a una junta de profesores en la Universidad,* a ellos se les ocurrió ir a Chapultepec, que solo quedaba a unas cuadras.*

«¡Se portan bien! —les había gritado su mamá desde la puerta—. Solo tardamos un par de horas. Regresamos y salimos todos a comer!».

«¡Sí, mamá!», le había contestado Verónica desde su recámara, donde estaba con Andrés.

«¡Sí, mamá...!», la había imitado su hermano, con voz chillona y ojos saltones, como era su costumbre cuando quería hacerla enojar. Pero Verónica sabía cuándo hacerle caso y cuándo no, y simplemente había decidido ignorarlo para no poner en peligro la aventura que habían planeado en el parque para ese día. Tras cerrarse la puerta, la casa quedó en silencio durante unos segundos... ,*

«¡Vámonos...! —gritaron los dos tras escuchar que arrancaba el coche de sus papás—. ¡Ya se fueron!».

Andrés no quería ir al castillo porque tenía más ganas de visitar el zoológico. A regañadientes, se dejó convencer por su hermana y subió refunfuñando por todo el camino de adoquines que llevaba hasta la parte más alta del cerro, donde estaba la entrada al Museo de Historia. Pero justo cuando más enojado se sentía, levantó los ojos y vio, en todo su esplendor,[1] los dos volcanes que se enseñoreaban sobre todo el Valle de México.*

—¡Qué increíble, Vero! ¿Trajiste tu cámara? ¡Mira! ¡Están cubiertos de nieve! ¡Nunca los había visto así! —Andrés no pudo contener su alegría porque, antes de ese día,[2] solo había visto los volcanes en foto. Con sus propios ojos, no había vislumbrado más que un pedacito tras las nubes o la casi permanente capa de contaminación que los ocultaba. Pero en ese momento el aire estaba tan limpio que podía ver cómo la nieve brillaba alrededor de los peñascos que aún no se habían cubierto por completo. Y con gran claridad,* podía distinguir el lugar exacto donde los pinos, de un verde resplandecien-*

1 En el caso de la frase «en todo su esplendor», o van ambas comas o no va ninguna, pues con comas se trataría de una frase parentética (o explicativa). Lo mismo sucede en los casos de las frases posiblemente parentéticas a las cuales se alude en las siguientes notas.
2 Ídem.

te,[3] *dejaban de crecer junto a la nieve que reflejaba la luz del sol de manera espectacular. Casi podía escuchar el viento que, en grandes torbellinos,*[4] *levantaba y zarandeaba los copos blancos.*

—No, Andrés. No traje mi cámara.

—Ay, ¡siempre olvidas todo!

—Tampoco, ¿eh? Mira... —y en eso Verónica sacó un estuche de su mochila.

Era el de neopreno, un material a toda prueba del agua, que su papá había visto cuando viajó a San Francisco para asistir a un congreso de historiadores. Lo compró especialmente para su flamante cámara digital.

—¡No se lo vayas a decir!

—¡La cámara...! —exclamó Andrés con gran entusiasmo, abriendo los ojos a lo máximo. Pero, de inmediato,[5] *frunció el ceño y preguntó con más cautela—. ¿Trajiste la cámara de papá? ¡Si nos descubre, nos mata!*

—¿Qué le puede pasar? —le respondió su hermana, con cierto aire de superioridad,[6] *mientras sacaba el aparato del estuche.*

—Está bien —Andrés se dejó convencer rápidamente, lo cual extrañó un poco a su hermana. Pero antes que ella pudiera decir nada, el muchacho continuó—. Luego pasamos las fotos a nuestra computadora, y él ni se va a enterar. ¡Yo sé cómo hacerlo! ¡A ver, sácame una foto con los volcanes!*

Mientras Verónica ajustaba la cámara, buscando el mejor encuadre, Andrés hacía caras y agitaba los brazos.

—¡Ya estate quieto! ¿Cómo quieres que enfoque?

—¡Mira, yo soy el emperador de los aztecas! —y alzó los brazos para flexionar sus músculos, como si fuera un levantador de pesas que se pasa horas y horas admirándose en el espejo.*

—Qué emperador ni qué ocho cuartos. Pareces bobo. A ver... ¡No te muevas!

Sonó el clic de la cámara y quedó fija la imagen de Andrés en la pequeña pantalla que estaba en la parte posterior. Verónica se quedó viéndola, riéndose —ahora sí— con las chanzas y poses de su hermano, sin darse cuenta de lo que había ocurrido...

—Mira, Andrés. ¡Qué caras! Creo que voy a subir tu foto al internet para que te vea tu novia. ¡Ja, ja, ja! Ahora déjame poner el flash para que te veas mejor.

---

3 Ídem.
4 Ídem.
5 Ídem.
6 Ídem.

—Verónica...

—¿Qué? —la niña seguía disparando y disparando, sin despegar el ojo de la cámara.*

—Vero... ¡Verónica! —gritó Andrés con tal fuerza que su hermana levantó la vista de golpe. Estaban sobre el mismo cerro de Chapultepec, pero no había ningún castillo. El camino de adoquines había desaparecido, y en su lugar había una minúscula vereda de tierra. Por donde vieran,* se extendían llanuras y más llanuras mientras, a lo lejos,[7] un círculo de montañas rodeaba al Valle de México. Ahí seguían el Popo y el Ixta. Hacia el sur,* se veía el Ajusco,* sin nieve. Hacia el poniente,* se percibían, clarísimas,[8] las montañas que formaban el Desierto de los Leones y, más allá, La Marquesa. Hacia el norte,* estaba el Cerro del Chiquihuite, sin su gran antena que solo minutos antes transmitía programas de radio y televisión. Al volverse hacia el oriente,* ya no se fijaron en los volcanes sino en lo que había más abajo...*

Capítulo 6. El punto y coma [;] y los dos puntos [:]

Ejercicio 1-A

1. *Los nuevos dispositivos para personas que sufren de parálisis se encuentran ya en el mercado; tienen, por desgracia, un precio muy alto.*
2. *Los adolescentes, al parecer, se la pasan chateando; prefieren estar pegados al celular, por horas y horas, a realizar las actividades que los adultos llaman* productivas.
3. *El ser humano apenas ha cambiado en los últimos cuatro mil años; sigue siendo presa del temor, la inseguridad y los celos.*
4. *Alejandro gastó un dineral en la fiesta de su ahijada; se sentía moralmente comprometido con su compadre, quien acababa de fallecer.*
5. *Los libros de redacción no siempre ayudan; muchas veces confunden más de lo que aclaran.*

Ejercicio 1-B

1. *Los niños exigen atención constante a sus padres; la infancia es una etapa en que el refuerzo paterno es imprescindible para el correcto desarrollo de los menores.*
2. *Los manuales de los aparatos eléctricos casi nunca son comprensibles;*

7 Ídem.
8 Ídem.

parece que sus redactores no hablan el idioma en que escriben.

3. *Las mejores obras literarias son aquellas que se leen generación tras generación; sus autores tuvieron el genio para encontrar lo humano tras lo local y lo temporal.*
4. *El enamorado no entiende de razones; su pasión busca realizarse a toda costa y en contra de todas las probabilidades.*
5. *Las fotografías son ventanas al pasado; al verlas, uno se transporta momentáneamente a aquellas regiones que jamás podrá volver a pisar.*

Ejercicio 1-C

1. *Los dentistas son conscientes de la angustia que provocan en sus pacientes; por esto memorizan una serie de chistes para relajar a quienes se atreven a sentarse en la silla del dolor.*
2. *La última película de Quentin Tarantino fue un gran éxito de taquilla y en los ojos de la crítica; se convertirá probablemente en un clásico.*
3. *Los apuros financieros de cualquier país se traducen en problemas para su libre empresa; con frecuencia conducen a quiebras masivas en el sector de la empresa mediana.*
4. *La vida comunitaria no es fácil; suele contraponer los intereses inmediatos del individuo a los de la colectividad, que casi siempre son de largo plazo.*
5. *La lluvia es indispensable para la vida; en épocas de calor lo es aún más.*
6. *Nunca volvió a saberse nada de aquella mujer; sin decirle nada a nadie subió a un barco en Buenos Aires hace casi 10 años.*
7. *Su hambre no es problema de médicos sino de sociólogos; su lengua no es materia de ministerios de educación sino de antropólogos; sus reivindicaciones no competen a los políticos sino a los historiadores.*
8. *Los japoneses comen con deleite pescado crudo y delicadezas tales como pulpos y calamares; entre los coreanos el perro es considerado un plato extremadamente suculento.*
9. *Jamás regresamos a la escena del crimen; extraviamos el mapa.*
10. *La mirada de la niña revelaba serenidad y paciencia; al mismo tiempo su sonrisa poseía cierto aire de perversidad.*

Ejercicio 2

Esta solución es solo una posibilidad, pues en la mayoría de los casos, el estudiante puede cambiar la posición de las frases y oraciones parentéticas respecto de las oraciones principales. De ser así, el lugar de la puntuación cambiará.

Los hombres cazan, **aunque suene primitivo;** *las mujeres deciden si desean ser cazadas,* **con todo lo que esto implica en términos de guerra psico-**

lógica. *Algunos hombres son hábiles para ello,* **característica que les abre muchas puertas hacia el sexo opuesto;** *otros,* **como los del tipo «Woody Allen» en** ***Sueños de un seductor,*** *resultan perfectamente ineptos como cazadores. Algunas mujeres gustan de participar en la caza,* **entre ellas las más tradicionales;** *otras aparentan participar,* **lo que les da gusto a los machos,** *pero en realidad están a la caza.* **No importa su sexo,** *las personas cambian*; **a lo largo del tiempo**, *los deseos son los mismos.* **No obstante**, *muchas personas hablan de consecuencias*; **queriendo ser previsoras,** *plantean disyuntivas*; **como si fueran videntes**, *pretenden ver el futuro.* **Sin embargo**, *la realidad no siempre obedece a nuestros designios personales*; **con frecuencia**, *los mejores planes que trazamos se extravían*; **para sorpresa de todos**, *en ocasiones nos encontramos justo donde jamás nos habíamos imaginado. Es entonces cuando el destino,* **esa fuerza que nadie comprende**, *se revela en todo su esplendor*; **con absoluta contundencia**, *nos muestra que no tenemos necesariamente la última palabra*; *que la vida,* **esa que habíamos planeado con tanto detalle**, *nos guarda muchas sorpresas.* **Por todo esto**, *el secreto está en saber quién es uno; en reconocer,* **por si no lo hubiéramos hecho ya**, *cuáles son los valores propios*; *en darse cuenta,* **de una vez y para siempre**, *de qué puede uno dar a los demás,* **sean cazadores, cazados o casados.**

Ejercicio 3-A

1. *Las niñas practicarán hockey sobre pasto; los niños, futbol.*
2. *La comisión entregó una serie de papeles que supuestamente se habían extraviado durante la gestión anterior; los inculpados, una declaración de inocencia.*
3. *Raúl y Javier fueron recluidos por asalto; Carlos, por evasión de impuestos; César, por falsificación de documentos oficiales.*
4. *A algunos estudiantes les gusta redactar; a otros, leer; a un tercer grupo, las dos cosas.*
5. *Pedro Sahumerio fue un traidor ficticio; Benito Juárez, un héroe de verdad; Porfirio Díaz, un héroe vuelto dictador, aunque no sería fácil acusarlo de traición.*

Ejercicio 3-B

1. *Los pantalones de mezclilla se lavarán en lavadora; los de lino, en seco.*
2. *Los estudiantes de primaria se graduarán en junio; los de secundaria, el mes siguiente.*

3. *Laila y Roberto se comprometerán cuando terminen la universidad; Nayeli y Jacobo, el invierno pasado; Ramón y Julián, dos años antes que se aceptara el matrimonio entre personas del mismo sexo.*
4. *Muchas personas creen en Dios; otras, en la astrología; unas cuantas, solo en la ciencia.*
5. *Héctor corrió el maratón ayer; Lorena, una carrera de cinco kilómetros hoy; Zoraida, una cuadra a la escuela mañana.*

Ejercicio 3-C

1. *Los pantalones de mezclilla se lavarán en lavadora,* **y** *los de lino, en seco.*
2. *Los alumnos de primaria se graduarán en junio,* **y** *los estudiantes de secundaria, el mes siguiente.*
3. *Laila y Roberto se comprometerán cuando terminen la universidad; Nayeli y Jacobo, el invierno pasado,* **y** *Ramón y Julián, dos años antes que se aceptara el matrimonio entre personas del mismo sexo.*
4. *Muchas personas creen en Dios; otras, en la astrología,* **y** *unas cuantas, solo en la ciencia.*
5. *Héctor corrió el maratón ayer; Lorena, una carrera de cinco kilómetros hoy,* **y** *Zoraida, una cuadra a la escuela mañana.*

Ejercicio 4

1-*c* *(Queridos mamá y papá:)*
2-*d* *(Estimada amiga:)*
3-*b* *(Excelentísimo señor embajador:)*
4-*a* *(Apreciable colega:)*

Ejercicio 5

1. *Favor de traer los siguientes artículos al campamento:*
2. *Los conceptos básicos de la redacción son:*

Ejercicio 6

1. *Cuando vengas a verme, voy a necesitar que me traigas unas tijeras, un lápiz bicolor y mucha paciencia.*
2. *Varias cosas van a hacerme falta: unas tijeras, un lápiz bicolor y mucha paciencia.*
3. *Las cualidades de la mujer moderna son la inteligencia, la simpatía, la belleza y la capacidad de no hartarse demasiado pronto del marido.*
4. *Entre otras cosas, antes que nos casáramos, la que es ahora mi esposa me leyó la cartilla, mis derechos como hombre que ha quedado presa de*

sus encantos, la mente y una décima de Sor Juana Inés de la Cruz, la que no entendí para nada.

5. *Después de desayunar iremos a la escuela, el salón de belleza, el gimnasio y el restaurante de tu abuelo.*
6. *Mis cualidades son la inteligencia, la hermosura, la honestidad, la fuerza y la modestia.*
7. *Tengo unas cuantas cualidades: la hermosura, la honestidad, la fuerza y la modestia.*
8. *Diariamente Martín y Hermelinda llegan a la oficina y hablan mal de los demás: el jefe, la secretaria y el policía.*
9. *Todos los días llegan a la oficina y ofrecen lo mejor que hay: pan duro y agua de calcetín.*
10. *Entre sus necesidades mencionó amor, cariño, atención y un BMW.*

Ejercicio 7

1. *El autor lo escribió claramente: «***E***l futuro ya no tiene futuro».*
2. *En esta página leemos lo siguiente: «***N***o olvide escribir la primera letra de la cita textual con mayúscula».*
3. *Las palabras de Shakespeare son famosas: «***E***stá bien lo que bien acaba».*
4. *Fíjate en todo lo que mi esposa me dijo: «***S***i no llego antes de la una de la madrugada, puedes acostarte. No será necesario que me esperes».*
5. *Memoricé sus últimas palabras antes que muriera: «***S***i todos están aquí conmigo, ¿quién se quedó a cuidar la tienda?».*

Ejercicio 8

1. *Dijo su novio que estaba «trabajando» hasta altas horas de la madrugada, pero no le creo.*
2. *Cuando dijo «no me esperes», jamás pensé que no volvería nunca. O: Cuando dijo «no me esperes jamás», pensé que no volvería nunca.*
3. *Mi prima dice que «mueve bigote» en lugar de usar el verbo «comer».*
4. *«A la tierra que fueres, haz lo que vieres» es mi dicho preferido.*
5. *Todos los cuentos de Roberta terminan con las palabras «...y vivieron en la más vil miseria para siempre».*

Ejercicio 9

1. *Salgamos de la ciudad: ya no aguanto más. O: Ya no aguanto más: salgamos de la ciudad.*

2. *Terminemos de una buena vez: ya es tarde. O: Ya es tarde: terminemos de una buena vez.*
3. *Te conozco muy bien: no es necesario que me lo digas. O: No es necesario que me lo digas: te conozco muy bien.*
4. *Los seres humanos no inventan las obras de arte: son las obras de arte.*
5. *Ahora sí es agradable asistir al cine: no se permite fumar en las salas. O: No se permite fumar en las salas: ahora sí es agradable asistir al cine.*

Ejercicio 10

1. *En otras palabras: ya no quiero que me quieras. No seas necia.*
2. *Es más: sácate de aquí porque no quiero volver a verte.*
3. *Que quede muy claro: nadie está por encima de la ley.*
4. *Lo dijo sin ambages: esa película ganará por lo menos cinco Oscares.*
5. *Al contrario: quiero que seas mi esposa.*

Capítulo 7. Los puntos suspensivos [...], los signos de interrogación [¿?] y de admiración [¡!], la raya [—], los paréntesis [( )], los corchetes ([ ]), el guion [-] y las comillas [« », « », ‘ ’, ‹ ›]; además, algunas reglas para usar las mayúsculas

Ejercicio 1

1. *Fuimos a varias ciudades de Europa, entre ellas* **París, Londres, Madrid...**
2. *Mis películas favoritas son* ***Mulholland Drive, El bebé de Rosemary, Amor sin barreras...***
3. *Entre mis grupos musicales favoritos se incluyen* **The Doors, The Beatles, Café Tacuba...**
4. *Antes de las seis de la tarde tienes que* **lavar los trastes, trapear la cocina, planchar tu ropa...**
5. *Los fondos desviados del erario se destinaron a***l narcomenudeo, tráfico de armas, trata de blancas...**

Ejercicio 2

1. *No hay mal que...*
2. *Quien a buen árbol se arrima...*
3. *Acabo de leer La increíble y triste historia de la cándida Eréndira...*
4. *Dime con quién andas...*
5. *En boca cerrada...*
6. *A la tierra que fueres...*

Ejercicio 3

1. *Ni con un millón de dólares...*
2. *Si tan solo me quisieras...*
3. *Me tiene sin cuidado si no publica mi libro...*
4. *¡Está tan pero tan acabado...!*
5. *Si Dios me concede la gracia de salir vivo de esta aventura...*

Ejercicio 4

(Hay varias posibles soluciones para este ejercicio. Aquí solo se muestran algunas)

1. *¡Me causó tanto dolor que... no sé si pueda perdonarlo!*
2. *Es tan tonto pero tan tonto que parece... inteligente.*
3. *Me miró suplicante, con grandes ojos tristes y llenos de lágrimas antes de... callar para siempre.*
4. *Ese político de veras me sorprendería... si dijera algo comprensible.*
5. *¡No me abandones, no me abandones..., no me abandones!*

Ejercicio 5

(Además de estas posibilidades, podría haber más)

1. **¿***A qué hora vamos a comer***?**
2. *Eso lo entiendo, pero* **¿***por qué no quieres casarte conmigo***?**
3. **¡***Enhorabuena***!**
4. *Y cuando se sentó, me miró y...* **¡***me dijo que se había sacado la lotería***!**
5. **¿***Qué, ya no quieres salir conmigo***?**
6. **¿***Que ya no quieres salir conmigo***?**
7. **¿***Qué***? ¿***Ya no quieres salir conmigo***?**
8. **¡***Están atacando los marcianos***!***, pero prefiero ver la televisión.*
9. *A estas horas el día de mañana* **¡***estaré lejos de aquí***!**
10. *Dime una cosa,* **¿***cuándo se te ocurrió que sabías todas las respuestas***?**

Ejercicio 6

(Además de estas posibilidades, podría haber más)

1. **¿***Qué, piensas atacarme***?** *O:* **¿***Qué piensas***? ¿***Atacarme***?** *O:* **¿***Qué***? ¿***Piensas atacarme***?**
2. **¿***Qué es lo que pensabas aclararme***?**
3. **¿***Qué, mi amor no te es suficiente***?** *O:* **¿***Qué***? ¿***Mi amor no te es suficiente***?** *O:* **¿***Qué, mi amor, no te es suficiente***?**
4. **¿***Qué, no van a tocar su canción más popular en el concierto***?** *O:* **¿***Qué***? ¿***No van a tocar su canción más popular en el concierto***?**

5. *¿Entonces, qué? ¿Creen que son el último grito de la moda? O: ¿Entonces, qué creen? ¿Que son el último grito de la moda?*
6. *¿Y tú qué, no piensas entrarle? O: ¿Y tú qué? ¿No piensas entrarle?*
7. *¿Qué no quieres prestarme? O: ¿Qué, no quieres prestarme?*
8. *¿Qué, no le gusta mi sopa? O: ¿Qué no le gusta, mi sopa? O: ¿Qué? ¿No le gusta mi sopa?*
9. *¿Qué pretendes robarme? O: ¿Qué, pretendes robarme? O: ¿Qué pretendes, robarme? O: ¿Qué? ¿Pretendes robarme?*
10. *¿Entonces, qué?¿Encontraste lo que buscabas? O: ¿Entonces, qué encontraste? ¿Lo que buscabas?*

Ejercicio 7

1. *Dime, ahora que lo pienso, dónde dejaste las llaves.*
2. *En la ciudad de Acapulco, Guerrero, hay entre la población nativa mucha pobreza.*
3. *París, la Ciudad Luz, celebró la llegada del Año Nuevo con un espectáculo pirotécnico impresionante.*
4. *El otro día, sin pensarlo siquiera, empecé a dibujar un retrato de mi primera novia.*
5. *Le gusto mucho, aunque solo lo reconoce cuando está borracho.*

Ejercicio 8

1. *Encierre entre rayas —o guiones largos, porque también se llaman así— esta información.*
2. *En español —a diferencia del francés e inglés— estos guiones largos solo se emplean por parejas.*
3. *Le afirmó —con la modestia que lo caracteriza— que era el mejor barítono del mundo.*
4. *Esas pilas —no me importa lo que diga la competencia— duran más de cinco años.*
5. *Cuando esta computadora sea obsoleta —es decir, dentro de dos años— compraremos otra.*

Ejercicio 9

—Esta computadora no sirve —dijo Efrén, con un gesto de exasperación—. Ni sé por qué me la mandaron.

—A caballo regalado no se le mira el diente —contestó Eloísa, con una sonrisa de satisfacción en los labios—. ¿No que muy bueno para los aparatos?

—Depende de qué aparatos estés hablando...

—No quieras pasarte de listo conmigo —lo interrumpió—. Mejor dedícate a echar a andar la máquina. Creo que no has conectado el monitor. Eso es todo —Efrén se la quedó viendo con cara de trágame, tierra.

Ejercicio 10

1. El segundo capítulo, «Del feudalismo al capitalismo», es de suma importancia.
2. El «libro» que publicó solo tiene 16 páginas.
3. ¿Qué, invitaste al Tribilín? (Los apodos ya no necesitan ningún resalte tipográfico)
4. Nos dejaron leer «El almohadón de plumas» de Horacio Quiroga.
5. Volvieron a atrapar a Joaquín «Chapo» Guzmán.
6. A Juan se lo planteó con todas sus letras: «O cumples con las tareas o repruebas».
7. ¡Mira cómo «trabajan» esos flojonazos!
8. Les gritó «¡no se dejen de estos sinvergüenzas!», antes que se lo llevaran a los separos.
9. «No me vengas con eso de '¡Ay, necesito más tiempo!' cada vez que vengo a cobrarte, imbécil», le dijo el hampón antes de retirarse con su anillo de bodas, con todo y dedo adentro.
10. Para muchos fue una inspiración la manera como Fernando «Toro» Valenzuela lanzaba en las ligas mayores.
11. Usar la palabra «güey» a cada rato en la conversación no solo indica inseguridad sino también vulgaridad, una grave falta de léxico y, sobre todo, de imaginación.
12. Los ladrones «pasaron báscula» a todos los pasajeros antes de retirarse y repartir su botín con los policías que los esperaban.

Ejercicio 11

1. Mi cuento favorito de ***El llano en llamas*** es «El llano en llamas».
2. Algunos dicen que Cervantes no habría podido escribir ***El ingenioso hidalgo don Quijote de la Mancha*** si no hubiera conocido el Corán o la literatura árabe.
3. ¿Por qué invitaste al ***Tuercas*** a esta fiesta?
4. Su libro se titula ***La triste historia del affaire Tijuana***.
5. Antes de morir, lo dijo: «Yo solo a ti te he querido».
6. ¿Ya leíste la obra maestra de ese ***genio***? Es ***infumable***: no pude pasar de la página 10. O: ¿Ya leíste la obra maestra de ese «genio»? Es infumable:

no pude pasar de la página 10. [*Infumable* ya está aceptada con el sentido de «de pésima calidad»].

7. No me digas que el ***Rabias*** viene leyendo ***Piedra de sol***. ***¡Chale***! ¿Cuándo se volvió ***nerd***? O: No me digas que el Rabias viene leyendo «Piedra de sol» [dependiendo de si se hace referencia al libro o al poema con ese título]. ¡«***Chale***»! ¿Cuándo se volvió «***nerd***»?
8. Términos y frases como ***masturbación*** o ***control de la natalidad*** provocan escozor en los sectores más conservadores de la sociedad. O: Términos y frases como «masturbación» o «control de la natalidad» provocan escozor en los sectores más conservadores de la sociedad.
9. Estaba leyendo ***Veinte poemas de amor y una canción desesperada*** cuando el ***Che Azteca*** llegó para anunciarnos que se había ***petateado*** el Blue Demon mientras resolvía los ejercicios de ***Redacción sin dolor***. O: Estaba leyendo ***Veinte poemas de amor y una canción desesperada*** cuando el Che Azteca llegó para anunciarnos que se había «petateado» el Blue Demon [trátese del luchador original que usaba este como nombre «artístico» o de un simple apodo, en ninguno de los dos casos lleva resalte tipográfico] mientras resolvía los ejercicios de ***Redacción sin dolor***.
10. La palabra ***ácido*** puede referirse tanto a sustancias químicas como a las actitudes de las personas. Por eso, cuando dijo «su ácido lloriqueo me quema la conciencia», lo entendí perfectamente. O: La palabra ***ácido*** puede referirse tanto a sustancias químicas como a las actitudes de las personas. Por eso, cuando dijo ***su ácido lloriqueo me quema la conciencia***, lo entendí perfectamente. O: La palabra «*ácido*» puede referirse tanto a sustancias químicas como a las actitudes de las personas. Por eso, cuando dijo «su ácido lloriqueo me quema la conciencia», lo entendí perfectamente.
11. ¿Sabes cómo me llamó, a ***mí***, de entre todos? ¡Me llamó ***incompetente***! O: ¿Sabes cómo me llamó, a ***mí***, de entre todos? ¡Me llamó «incompetente»!
12. Siempre me quiere invitar un ***drink*** antes de darme un ***ride*** a mi ***house***, el cretino. O: Siempre me quiere invitar un «***drink***» antes de darme un «***ride***» a mi «***house***», el cretino.

Ejercicio 12

1. Lo dijo el sabio: «Una cosa es una cosa, y otra cosa es otra cosa».
2. «*¡Ve tú a saberlo!*».
3. (Nunca llegué a entender a ese señor).

4. Por eso me preguntó: **«***¿A qué hora vamos a comer?***»**.
5. **«**Hasta la vista, *Baby***»**.

Ejercicio 13

1. **Q**uien pega primero, pega dos veces, sobre todo en sábado.
2. **S**iempre leo ***L**a **P**rensa* cuando no hay ningún otro periódico.
3. ***E**l nombre de la rosa* fue el libro más vendido en septiembre.
4. **Y**a llegó el licenciado **G**odínez con el secretario **Pérez, quienes recibirán al general, el cual ahora es gobernador del estado**.
5. **L**e dije a **P**edro que el jueves sería buen día para leer «**C**asa tomada».
6. **E**ste papa me simpatiza, pero el rey lo ofendió cuando le preguntó si de veras era católico.
7. **N**o me queda ninguna duda después de leer esta sentencia: «**P**ues quién sabe, tal vez, a lo mejor, puede ser».
8. ¡**N**unca en domingo, aunque lo pasen en ***S**iempre en domingo*!
9. **E**n **A**sunción, **P**araguay, muchos hablan guaraní, incluso los judíos, musulmanes e hindúes con tendencias marxistas-leninistas.
10. **E**n **C**olombia los peruanos comen comida mexicana todos los días de marzo cuando le conviene a la **I**glesia mormona, siempre y cuando estén leyendo ***E**l padrino*, lo cual dice mucho del **E**stado de **D**erecho.

Capítulo 8. Acentuación

Ejercicio 1

1. *Grave*
2. *Esdrújula*
3. *Grave*
4. *Esdrújula*
5. *Aguda*
6. *Esdrújula*
7. *Sobreesdrújula*
8. *Aguda*
9. *Grave*
10. *Grave*
11. *Grave*
12. *Aguda*
13. *Esdrújula*
14. *Aguda*
15. *Grave*

16. *Grave*
17. *Esdrújula*
18. *Sobreesdrújula*
19. *Grave*
20. *Aguda*

Ejercicio 2

1. *No hay*
2. *Diptongo*
3. *Diptongo*
4. *Triptongo*
5. *Diptongo*
6. *No hay*
7. *Diptongo*
8. *Diptongo*
9. *Diptongo*
10. *Diptongo*
11. *Diptongo*
12. *Diptongo*
13. *No hay*
14. *Diptongo*
15. *No hay*
16. *No hay*
17. *Diptongo*
18. *Diptongo*
19. *Diptongo*
20. *No hay*

Ejercicio 3

1. *pediatr**í**a*
2. *corrieron*
3. *joven*
4. *j**ó**venes*
5. *c**á**rcel*
6. *Ar**í**stides*
7. *dolor*
8. ***ó**ptico*
9. *neuronal*
10. ***á**cido*

11. *oc**é**ano*
12. *merced*
13. *veinti**ú**n*
14. *acad**é**mico*
15. *enf**á**tico*
16. *(yo) competir**é***
17. *dif**í**cil*
18. *germen*
19. *desahuciado*
20. *gr**ú**a*
21. *comestible*
22. *cardumen*
23. *expl**í**cito*
24. *b**ú**ho*
25. *aguarr**á**s*
26. *cant**ó**mela*
27. *parent**é**tico*
28. *d**ó**lares*
29. *(ella) excit**ó***
30. ***é**xito*
31. *g**é**rmenes*
32. *f**á**ciles*
33. ***é**nfasis*
34. *deuda*
35. *deicida*
36. *buitre*
37. *camin**á**bamos*
38. *di**é**resis*
39. *ganz**ú**a*
40. *acabose*
41. *(yo) perfor**é***
42. *pantagru**é**lico*
43. *incre**í**ble*
44. *corregible*
45. *(yo) expl**í**come*
46. *d**ó**lar*
47. *dolores*
48. *dictamen*
49. *existieron*

50. *ultim**á**tum*
51. *canonj**í**a*
52. *re**í**r*
53. *heroica*
54. *d**ú**o*
55. *ata**ú**d*
56. *engre**í**do*
57. *t**í**a*
58. *hero**í**smo*
59. *brillo*
60. *br**í**o*

Ejercicio 4

1. *Quiero que a **mí** me traigas mi cartera y no a **él**.*
2. *Todos te queremos tomando el **té** de **él**, mas no ahora sino cuando **él** te lo **dé**.*
3. ***Aún** queda mucho por hacer, aun aquellas cosas que **tú** no quieres.*
4. *A ti no te importa tu futuro, aun cuando **tú** crees que no lo **sé**, y yo se lo dije a **él**.*
5. *Si no vienes mañana, te digo que a **mí** me va a dar un ataque **aún** [o aun —sin tilde—, dependiendo de si se interpreta como «...ataque todavía más fuerte...» o «ataque incluso más fuerte»] **más** fuerte que el anterior.*
6. *Te di el sí el día cuando le dijiste a **él** que a **mí tú** no me importabas.*
7. *¿Me preguntas a **mí** cuál es mi propósito en la vida? ¡Salvaguardar mi fe en ti!*
8. *Esto es mucho **más** grande de lo que **tú** piensas, aun [o con tilde] sin **mí**, mas no me creas si así te parece, sobre todo si de ti depende que se **dé** todo en tu vida. ¿**Tú** crees?*
9. *Se lo dices a **él**, mas que a ti no te diga nada, salvo que **él** esté tomando el **té**.*
10. *Yo **sí** te querré si **tú** me quieres como **él** quiso a ella aun [o con tilde] hasta el día de su muerte.*

Ejercicio 5

1. *¿Tú sabes* **dónde** *guardan la papelería?*
2. *Donde no me lo digas, te diré* **adónde** *voy a mandarte.*
3. *¡***Qué** *barbaridad que no lo digas!*
4. *Cayó cuan largo era, pero realmente no sé* **qué** *tan largo fue.*
5. *¿***Quién** *invitó a quienes no tenían invitaciones?*

6. *No supieron* **quiénes** *se habían quedado fuera ni* **dónde** *pernoctaron.*
7. *Es difícil saber* **cómo** *se logró la hazaña, como él ya te lo había dicho.*
8. *¿Por* **qué** *lo hiciste? ¡Dime el porqué de tu proceder! ¿Lo hiciste porque él te dijo? [«porqué», junto y con tilde es sustantivo agudo terminado en vocal]*
9. *Buscó en* **cuál** *de estos escondí el dinero, y lo hizo cual ladrón en la noche.*
10. *Cuando llegaste no había nada, pero nadie preguntó* **cuándo** *empezaría la diversión.*

Ejercicio 8

La pasión es una emoción dementísima y exclusiva

*La pasi**ó**n es una emoci**ó**n dement**í**sima, que excluye toda otra posibilidad de emoci**ó**n para cualquier otra cosa que haya en el mundo. Si un hombre ama apasionadamente a una mujer, no puede amar ninguna otra cosa m**á**s que a esa mujer.*

*La pasi**ó**n es absorbente. Tritura, consume al ser humano, lo ocupa enteramente, lo chupa, lo convierte en un bagazo. Por eso, muy pocas veces habremos de encontrar en la vida personas apasionadas, de verdad apasionadas, y menos a**ú**n en el amor.*

*Es rar**í**simo el amor de verdad. Es a**ú**n [o sin tilde] m**á**s raro que la inteligencia, y absolutamente excepcional que encontremos en la vida un amor apasionado.*

*El amor como pasi**ó**n puede durar siempre. De hecho, si se da el amor apasionado, durar**á** para siempre. Un hombre se apasiona por una mujer, y no ve en el mundo m**á**s que eso, no le interesa nada en el mundo m**á**s que eso. El ser humano est**á** inmerso en el tiempo. Pasan los meses, pasan los años y es probable que esa pasi**ó**n se le acabe, pero esa mujer de la que estuvo apasionado, aquella mujer que vive dentro de **é**l, inmarcesible, no est**á** sujeta al tiempo: es de especie eterna, eternamente joven, eternamente maravillosa, y seguir**á** provoc**á**ndole una eterna pasi**ó**n para siempre. En aras de esa pasi**ó**n que vivi**ó** un hombre, puede seguir amando a una mujer toda la vida en la mera memoria. Otras veces no, incluso la olvida, pero esa que fue amada apasionadamente ser**á** siempre amada as**í**.*

*Voy a poner dos ejemplos muy bellos. Una pel**í**cula alemana. En un pueblecito a la orilla de una alta montaña se van a casar dos j**ó**venes muy hermosos; la noche anterior, **é**l quiere subir a la montaña para ofrendar su boda, que ser**á** al d**í**a siguiente. Lo sorprende una tempestad, se muere y no regresa nunca. Pasan 50 o 60 años. Sucede que una mañana oyen c**ó**mo cruje atronadoramente el hielo en una **é**poca de deshielo en la montaña y dicen «mañana habrá r**í**o»; «bajar**á** el agua por torrentes». A la mañana siguiente* *corren todos en el pueblo gritando: «Llegó Karl. ¿Se acuerdan de Karl?». Corre una anciana, y el cadáver que la montaña ha devuelto es el de aquel joven novio que se fue la noche antes de la boda. Ella ha seguido viviendo. Eso sucedió hace 60 años, y la cámara toma de repente a una anciana que ve con muchísimo amor a un joven hermosísimo congelado que está en medio del arroyo. Ahí se ve el amor que no ha transcurrido, y los seres humanos que sí lo han hecho. El cadáver no, porque permaneció congelado 60 años; ella sí porque estuvo en la vida 60 años, y es la anciana viendo al joven, y son las mismas personas que hacía 60 años no pudieron casarse.*

El otro ejemplo es igualmente bello; se trata de una obra literaria cuyo autor no recuerdo. Un hombre en un pueblo tiene una novia hermosa, y un día decide irse. Regresa siendo un hombre ya macizo, de 70 y tantos años, y desde la cumbre de una colina, antes de bajar al pueblo que se ve abajo, hermosísimo, se sienta a fumar, a esperar, a hacer que repose su corazón. De repente ve acercarse a una vieja mendiga que viene recogiendo porquerías que se encuentran en el campo, pedacitos de madera seca para formar leña y venderla en el pueblo. De pronto la mendiga pasa junto a él, y en el perfil de la vieja encorvada bajo el fardo de leña que lleva, él ve a la mujer que era su novia; el perfil lastimado por los años, ennegrecido por los soles, él lo ve limpio, purísima silueta de la muchacha, y se vuelve a enamorar.

Esto ejemplifica las dos cosas que estaba diciendo un poco antes: la mujer amada apasionadamente será amada siempre así.

Capítulo 9. Función y constitución del verbo

Ejercicio 1

	raíz	desinencia	conjugación
1.	cre	-er	2ª
2.	labor	-ar	1ª
3.	sonre	-ír	3ª
4.	fallec	-er	2ª
5.	contribu	-ir	3ª
6.	conect	-ar	1ª
7.	sosten	-er	2ª
8.	orden	-ar	1ª
9.	increp	-ar	1ª
10.	constitu	-ir	3ª

Ejercicio 2

	infinitivo	raíz	desinencia
1.	pensar	pens	-ó
2.	colaborar	colabor	-amos
3.	reír	rí	-as
4.	desfallecer	desfallec	-ían
5.	retribuir	retribuy	-amos
6.	desconectar	desconect	-en
7.	sustentar	sustent	-aban
8.	desordenar	desorden	-aré
9.	controlar	control	-arías
10.	consumir	consum	-irán

Capítulo 10. Verboides (formas no personales del verbo)

Ejercicio 1

1. *gerundio*
2. *verbo*
3. *infinitivo*
4. *verbo*
5. *participio activo*
6. *verbo*
7. *participio activo*
8. *infinitivo*
9. *verbo*
10. *verbo*
11. *participio activo*
12. *gerundio*
13. *verbo*
14. *infinitivo*
15. *verbo*

Ejercicio 2

1. *sorbiéndolos*
2. *subírsela*
3. *superarlo*
4. *absorbiéndose*
5. *conviniéndole*
6. *sabiéndolo*
7. *presidiéndola*

8. *corrigiéndoselo*
9. *diciéndolas*
10. *afrontándolos*
11. *cantártelo*
12. *estimulándolos*
13. *siéndoles*
14. *mordiéndosela*
15. *quedárselos*
16. *cumpliéndola*

Ejercicio 3

1. *«añadir», parte del verbo perifrástico*
2. *«correr», sustantivo*
3. *«conduciendo», adverbio de modo*
4. *«contraponer», parte del verbo perifrástico «tener que + infinitivo»*
5. *«tirada», adjetivo*
6. *«sustentantes», sustantivo*
7. *«gritando», adverbio de modo*
8. *«asistir», forma parte del verbo perifrástico «ir a + infinitivo»*
9. *«comiendo», forma verbo perifrástico «estar + gerundio»*
10. *«penetrante», adjetivo*

Ejercicio 4 (hay muchas maneras de corregir el texto. Esta es solo una de ellas).

La semana pasada fui a bailar con mis amigas. ***Llegamos*** *a las nueve de la noche al antro. Conteniendo mi aburrimiento, porque casi no había gente y la música era pésima, y el volumen, muy alto, una hora después salí sin suéter a tomar aire,* ***pero pesqué*** *casi de inmediato un resfriado tremendo. Mientras estornudaba, pasó mi amigo Juan* ***y me enseñó*** *una bolsa de plástico* ***que contenía*** *pañuelos y una cajita con una especie de pomada que le acaba de comprar a su mamá. La señora estaba enferma y él iba camino a visitarla en ese momento.* ***Me dio*** *mucho gusto encontrarlo casualmente,* ***porque yo no tenía*** *idea de que su mamá viviera por ahí. Despidiéndose, Juan se fue* ***y regresó*** *un par de horas después,* ***cuando estaba*** *mejor el ambiente,* ***y bailó conmigo*** *[o* ***bailamos****] toda la noche.* ***Finalmente, fue*** *una de las salidas más entretenidas que he tenido en años, a pesar de los estornudos que no me han dejado en paz a partir de entonces.*

Capítulo 11. Clasificación de los verbos

Ejercicio 1

(Estas son algunas sugerencias. Los estudiantes deben preparar sus propias respuestas).

1. *Ayer me acordé* ***de que no me habías entregado tu carta firmada.***
2. *Los adolescentes no suelen hablar* ***de lo que más les preocupa.***
3. *Mañana nos pondremos de acuerdo* ***con tus profesores.***
4. *Araceli está segura* ***de que tendrá éxito.***
5. *Mi esposo y yo confiamos* ***en la honestidad del alcalde.***

Ejercicio 2

(Estos son algunos ejemplos. Los estudiantes habrán de redactar los suyos).

1. *Llevamos caminando*
2. *Hay que hacer*
3. *Quedamos en [o de] traer*
4. *Habían colocado*
5. *Estoy abriendo*

Ejercicio 3

(Estos son algunos ejemplos derivados de los ejemplos del ejercicio anterior. Los alumnos deben preparar los suyos).

1. *Llevamos cinco horas caminando.*
2. *Hay que hacer la tarea.*
3. *Quedamos en [o de] traer la pizza.*
4. *Habían colocado los carteles.*
5. *Estoy abriendo el correo.*

Ejercicio 4

1. *«entrenarán», transitivo; «irán de compras», intransitivo.*
2. *«encontró», transitivo; «se habían perdido», pronominal; «había redactado», transitivo.*
3. *«asaltaron», transitivo; «denunció», transitivo usado intransitivamente, prepositivo; «declaró», prepositivo.*
4. *«estoy de acuerdo», prepositivo; «faltes», prepositivo; «tendrás que hacer», transitivo; «haga», transitivo.*
5. *«cumplió», transitivo; «había creído», prepositivo; «son», copulativo e intransitivo.*

Ejercicio 5

(Este es un ejemplo. Los estudiantes deben elaborar su propia versión).

Desde que empezaron a decaer las monarquías, la mayoría de los reyes del mundo terminaron por prestar poca atención a las necesidades de sus pueblos. Por supuesto, hubo algunas excepciones, como la del rey Francisco I y la reina Sisi, de Austria. Esta última estuvo siempre comprometida con las causas sociales, y su esposo se convirtió en un gran diplomático. Es innegable que otros fueron también grandes promotores de la cultura.

Un ejemplo es Isabel I de Inglaterra, la Reina Virgen, quien fuera hija de Enrique VIII y Ana Bolena (quien, por cierto, causó no poca polémica en todo el reino por cómo llegó al trono y por incitar al rey a que fundara su propia Iglesia, separada del papa). Esta monarca era muy determinada y combatió valientemente a la Grande y Felicísima Armada (Armada Invencible) española, a la cual venció entre el 29 de julio y el 7 de agosto de 1588 en el Mar del Norte. Durante su reinado floreció el teatro y prosperaron autores muy importantes hasta la actualidad: William Shakespeare, Ben Johnson y Christopher Marlowe.

Otro fue Luis XIV de Francia, el Rey Sol, quien ascendió al trono cuando apenas era un niño de cinco años. Este libró varias guerras y engendró poco menos de dos docenas de hijos. Bajo su auspicio trabajaron Molière y Racine, entre muchos otros dramaturgos, músicos y pintores de la época.

Capítulo 12. Accidentes gramaticales del verbo

Ejercicio 1-A

El Sapo

Volví[1] a la cama: decidí[2] que el sueño continuara[3] donde se había interrumpido[4].

Lo tenía[5] frente a mí, y no sabía[6] qué hacer. Sus ojos redondos y saltones, que iban[7] bien con su enorme cara, parecían[8] querer decirme algo mientras fijaban[9] la vista en la bolsa derecha de mi chamarra. Con tantos tubos conectados a sus brazos y pecho, y la máscara de oxígeno sobre su boca, se veía[10] más pequeño de lo que recordaba[11], y un tanto deforme. No, ya no me parecía[12] un gigante; podía[13] mirarlo como lo que ahora era[14]: un viejo enfermo que moriría[15] como tenía[16] merecido. Otros pacientes se quejaban[17]; los aparatos hacían[18] ruidos extraños y, a lo lejos, se escuchaba[19] la radio de las enfermeras: *...y es[20] que todos sabemos[21] querer, pero pocos sabemos[22] amar...*

—Anda[23], Sapo: levántate[24] y enfréntame[25].

Ejercicio 1-B

	verbo	tiempo	modo
1.	volví	Pretérito perfecto simple / pretérito	indicativo
2.	decidí	Pretérito perfecto simple / pretérito	indicativo
3.	continuara	Pretérito perfecto / pretérito	subjuntivo
4.	había interrumpido	Pretérito pluscuamperfecto / antecopretérito	indicativo
5.	tenía	Pretérito imperfecto simple / copretérito	indicativo
6.	sabía	Pretérito imperfecto simple / copretérito	indicativo
7.	iban	Pretérito imperfecto simple / copretérito	indicativo
8.	parecían	Pretérito imperfecto simple / copretérito	indicativo
9.	fijaban	Pretérito imperfecto simple / copretérito	indicativo
10.	veía	Pretérito imperfecto simple / copretérito	indicativo
11.	recordaba	Pretérito imperfecto simple / copretérito	indicativo
12.	parecía	Pretérito imperfecto simple / copretérito	indicativo
13.	podía	Pretérito imperfecto simple / copretérito	indicativo
14.	era	Pretérito imperfecto simple / copretérito	indicativo
15.	moriría	Condicional simple / pospretérito	indicativo
16.	tenía	Pretérito imperfecto simple / copretérito	indicativo

	verbo	tiempo	modo
17.	(se)quejaban	Pretérito imperfecto simple / copretérito	indicativo
18.	hacían	Pretérito imperfecto simple / copretérito	indicativo
19.	escuchaba	Pretérito imperfecto simple / copretérito	indicativo
20.	es	Presente	indicativo
21.	sabemos	Presente	indicativo
22.	sabemos	Presente	indicativo
23.	anda	Presente	imperativo
24.	levántate	Presente	Imperativo
25.	enfréntame	Presente	imperativo

Ejercicio 2

1. *2ª persona singular formal o 3ª persona singular; pretérito perfecto de indicativo / pretérito*
2. *1ª persona plural; presente o pretérito perfecto de indicativo / pretérito*
3. *2ª persona singular; presente de imperativo*
4. *2ª persona familiar singular; pretérito perfecto de indicativo / pretérito*
5. *3ª persona singular futuro; perfecto de indicativo / antefuturo*
6. *1ª persona plural; pretérito imperfecto de indicativo / pretérito*
7. *2ª persona familiar singular (vos); presente de imperativo*
8. *2ª persona singular; futuro simple de indicativo*
9. *2ª persona formal plural o 3ª persona plural; futuro simple de indicativo*
10. *2ª persona singular; presente de imperativo o 3ª persona singular presente de indicativo*
11. *2ª persona singular; condicional simple de indicativo / pospretérito*
12. *2ª persona singular; pretérito pluscuamperfecto de indicative / antecopretérito*
13. *2ª persona familiar plural; presente de imperativo*
14. *2ª persona plural; presente de imperativo, o 2ª o 3ª personas del plural presente de subjuntivo*
15. *2ª persona plural o 3ª persona plural; pretérito imperfecto de subjuntivo*
16. *2ª o 3ª persona plural; pretérito perfecto simple de indicativo / pretérito*
17. *2ª o 3ª persona de plural; pretérito imperfecto de subjuntivo / pretérito*
18. *2ª persona familiar plural; presente de imperativo*

19. *2ª o 3ª persona formal plural; pretérito perfecto compuesto de indicativo / antepresente*
20. *2ª persona formal singular o 3ª persona singular; pretérito pluscuamperfecto de indicativo / antecopretérito*
21. *1ª persona singular o 2ª persona formal o 3ª persona singular del presente de subjuntivo, o 2ª persona formal singular presente de imperativo*
22. *2ª persona singular; pretérito imperfecto de indicativo / copretérito*
23. *1ª persona plural; pretérito imperfecto de subjuntivo / pretérito*
24. *2ª o 3ª persona plural futuro simple de indicativo / futuro*
25. *2ª o 3ª persona plural; pretérito perfecto simple de indicativo / pretérito*
26. *2ª persona familiar (vos) singular; presente de imperativo*
27. *2ª persona singular presente de subjuntivo*
28. *2ª persona singular pretérito perfecto compuesto de indicativo / antepresente*
29. *2ª o 3ª persona plural; condicional perfecto de indicativo / antepospretérito*
30. *2ª o 3ª persona plural; pretérito imperfecto de indicativo / pretérito*

Ejercicio 3
(Libre para el alumno)

Ejercicio 4-A

1. *Presente de verdad absoluta*
2. *Presente de futuro*
3. *Presente habitual*
4. *Presente actual*
5. *Presente histórico*
6. *Presente habitual*
7. *Presente en el condicional*
8. *Presente de verdad absoluta*
9. *Presente actual*
10. *Presente de mandato*
11. *Presente en el condicional*
12. *Presente de futuro*

Ejercicio 4-B

1. *Pasado de hechos sucesivos*
2. *Pretérito de gran amplitud*
3. *Pasado de conato*

4. *Pasado condicional*
5. *Pasado de cortesía o modestia*
6. *Pasado de gran amplitud*
7. *Pasado reiterativo*
8. *Pasado de conato*
9. *Pasado de hechos sucesivos*
10. *Pasado condicional*
11. *Pasado de cortesía o modestia*
12. *Pasado de gran amplitud*

Ejercicio 4-C

1. *Mi sobrina de dos años descompuso el celular que le había comprado su mamá.*
2. *Anoche perdí la bolsa Chanel que había heredado de mi abuela hacía muchos años.*
3. *Todas las mañanas preparaba café con leche y comía pan con mermelada.*
4. *La semana pasada nos pidieron que trajéramos ropa en buen estado para los damnificados del terremoto.*
5. *Fueron muchas las desilusiones que Amaranta sufrió antes de realizarse plenamente.*
6. *Corría y gritaba desesperadamente hasta que un policía lo auxilió.*
7. *No sabía cómo lo había hecho, y jamás me atreví a preguntárselo.*
8. *Habría sido difícil adivinar su pensamiento aunque su cara fuera expresiva.*
9. *Ricardo le cambió el aceite cuando ya no quedaba casi nada y casi se le descompuso el coche.*
10. *No pensaba con frecuencia en su marido, pero siempre creyó que había huido con aquella misteriosa mujer de rasgos finos.*

Ejercicio 4-D

1. *Pasado de consecuencias presentes*
2. *Pasado inmediato*
3. *Pasado de consecuencias presentes*
4. *Pasado de consecuencias presentes*
5. *Pasado inmediato*
6. *Pasado de consecuencias presentes*

Ejercicio 4-E

1. *Pasado inmediato del pasado*
2. *Pasado mediato del pasado*
3. *Pasado mediato del pasado*
4. *Pasado inmediato del pasado*
5. *Pasado inmediato del pasado*
6. *Pasado mediato del pasado*

Ejercicio 4-F

1. *Futuro de sorpresa, asombro, inquietud o molestia*
2. *Futuro de obligación*
3. *Futuro potencial*
4. *Futuro exhortativo*
5. *Futuro de obligación*
6. *Futuro de concesión*
7. *Futuro empírico*
8. *Futuro de posibilidad o hipotético*
9. *Futuro de posibilidad o hipotético o de sorpresa, asombro, inquietud o molestia (dependiendo del contexto)*
10. *Futuro de obligación*
11. *Futuro de concesión*
12. *Futuro potencial*

Ejercicio 4-G

1. *Futuro admirativo*
2. *Pasado inmediato del futuro*
3. *Futuro perfecto (antefuturo) de concesión*
4. *Pasado del presente*
5. *Pasado inmediato del futuro*
6. *Futuro admirativo*
7. *Futuro perfecto (antefuturo) de concesión*
8. *Pasado inmediato del futuro*
9. *Pasado del presente*
10. *Pasado inmediato del futuro*

Ejercicio 4-H

1. *condicional concesivo*
2. *condicional de posibilidad de la acción*
3. *condicional de cortesía*

4. *condicional de propósito u obligación*
5. *condicional de cortesía*
6. *condicional de posibilidad de la acción o concesivo*
7. *condicional de acción futura*
8. *condicional concesivo*
9. *condicional de probabilidad en el futuro*
10. *condicional de propósito u obligación*
11. *condicional de acción futura*
12. *condicional de cortesía*

Ejercicio 4-I

1. *condicional perfecto de posibilidad de la acción*
2. *condicional perfecto de probabilidad*
3. *condicional perfecto concesivo*
4. *condicional perfecto de cortesía*
5. *condicional perfecto de posibilidad de la acción*
6. *condicional perfecto de probabilidad*
7. *condicional perfecto concesivo*
8. *condicional perfecto de probabilidad*
9. *condicional perfecto de posibilidad de la acción*
10. *condicional perfecto de cortesía*

Ejercicio 5
(Libre para el estudiante)

Ejercicio 6-A

1. *presente como futuro*
2. *presente como futuro*
3. *presente de subjuntivo con matiz de eventualidad o incertidumbre*
4. *presente como futuro*
5. *presente de subjuntivo con matiz de eventualidad o incertidumbre*
6. *presente de subjuntivo con matiz de eventualidad o incertidumbre*

Ejercicio 6-B

1. *pasado en coexistencia con el presente*
2. *pasado con relación de posterioridad*
3. *pasado con relación de posterioridad*
4. *pasado en coexistencia con el presente*

5. *pasado netamente de anterioridad*
6. *pasado netamente de anterioridad*

Ejercicio 6-C

1. *pasado perfecto que funciona como imperfecto*
2. *pasado que indica futuro*
3. *pasado que indica futuro*
4. *pasado perfecto que funciona como imperfecto*
5. *pasado perfecto que funciona como imperfecto*
6. *pasado que indica futuro*

Ejercicio 6-D

1. *pasado del pasado*
2. *pasado con sentido de posibilidad*
3. *pasado con sentido de posibilidad*
4. *pasado del pasado*
5. *pasado con sentido de posibilidad*
6. *pasado del pasado*

Ejercicio 7
(Libre para el alumno)

Ejercicio 8
(Libre para el estudiante)

Capítulo 13. Lógica temporal relativa

Ejercicio 1-A

1. *«es», presente*
2. *«corre», presente*
3. *«lleva», presente*
4. *«hizo», pretérito perfecto simple o pretérito*
5. *«se distrae», presente*
6. *«habla», presente*
7. *«se dispara», presente*
8. *«coge», presente*
9. *«lleva», presente*
10. *«está», presente*
11. *«se da cuenta», presente*

12. *«lanza», presente*
13. *«congela», presente*
14. *«habían escuchado», pretérito pluscuamperfecto o antecopretérito*
15. *«comas», presente*
16. *«metas», presente*
17. *«encuentres», presente*
18. *«suelta», presente*
19. *«contiene», presente*
20. *«podría estar», condicional simple o pospretérito*

Ejercicio 1-B

1. *«sabía», pretérito imperfecto o copretérito*
2. *«se había encontrado», pretérito pluscuamperfecto o antecopretérito*
3. *«comían», pretérito imperfecto o copretérito*
4. *«parecía», pretérito imperfecto o copretérito*
5. *«irían a acabar», condicional o pospretérito*
6. *«quería», pretérito imperfecto o copretérito*
7. *«tenía que meter», pretérito imperfecto o copretérito*
8. *«estate», presente*
9. *«amonestó», pretérito perfecto simple o pretérito*
10. *«pueden ver», presente*
11. *«salían», pretérito imperfecto o copretérito*
12. *«tenían», pretérito imperfecto o copretérito*
13. *«era», pretérito imperfecto o copretérito*
14. *«se habían ido a tomar», pretérito pluscuamperfecto o antecopretérito*
15. *«pensaba aprovechar», pretérito imperfecto o copretérito*
16. *«veía», pretérito imperfecto o copretérito*
17. *«hallaba», pretérito imperfecto o copretérito*
18. *«deseaba», pretérito imperfecto o copretérito*
19. *«escaparía», condicional o pospretérito*
20. *«está», presente*
21. *«susurró», pretérito perfecto o pretérito*
22. *«digas», presente*
23. *«es», presente*
24. *«muero», presente*

Ejercicio 1-C

1. *«acabarán», futuro*
2. *«sabrá», futuro*

3. *«queda», presente*
4. *«terminará» futuro*
5. *«escuchará», futuro*
6. *«serán enunciados», futuro*
7. *«caminará», futuro*
8. *«recibirá», futuro*
9. *«dirá», futuro*
10. *«pensaba», pretérito imperfecto o copretérito*
11. *«podrías caer», condicional o pospretérito*
12. *«soltará», futuro*
13. *«sabrán interpretar», futuro*
14. *«sacará», futuro*
15. *«pensabas», pretérito imperfecto o copretérito*
16. *«importaría», condicional o pospretérito*
17. *«coquetearas», pretérito imperfecto o pretérito*
18. *«toquetearas», pretérito imperfecto o pretérito*
19. *«pagó», pretérito perfecto simple o pretérito*
20. *«toca», presente*
21. *«apretará», futuro*
22. *«acabará», futuro*
23. *«había sido», pretérito pluscuamperfecto o antecopretérito*
24. *«tenía», pretérito imperfecto o copretérito*
25. *«debió prenderse», pretérito perfecto o pretérito*

Ejercicio 2-A

«Chuletas para Chuletas», por favor

Chuletas nunca se pierde [(1)] durante la hora del almuerzo junto a la obra que se construye [(2)] al lado del parque. Es [(3)] un cruce entre collie y basset hound. Tiene [(4)] seis meses vagando por la colonia y ha hecho [(5)] migas con todos los niños y perros del vecindario. Posee [(6)] una alegre disposición y un cuerpo harto extraño que da [(7)] la impresión de ser una chuleta. De ahí viene [(8)] el apodo. También, huelga [(9)] decirlo, el apodo le hace [(10)] justicia a su mayor gusto: echarse al plato un buen taco de costilla que le invita [(11)] cualquiera de los albañiles que lo han adoptado [(12)] y que lo cuidan [(13)] celosamente. Chuletas no sabe [(14)] adónde irá [(15)] cuando termine [(16)] la obra, pero sabe [(17)] que nunca abandonará [(18)] a sus amigos.

Ejercicio 2-B

La verdadera historia de *E.T.*

El cohete que alzaría (1) el shuttle cuyos tripulantes arribarían (2) a la estación espacial en cuestión de horas, despegó (3) sin problemas. Los astronautas revisaban (4) rutinariamente los controles de rigor. Además, contaban (5) chistes e historias que sus abuelos habían inventado (6) acerca de la vida en el espacio. La nave se enfiló (7) hacia la estación. Todo estaba (8) en orden. Después del acoplamiento, el capitán giró (9) la orden para abrir la escotilla. En ese momento llegó (10) la primera señal de alarma: se escuchaba (11) un leve quejido, como si proviniera (12) de un perro u otro animal herido. «¡No entres (13)! —ordenó (14) a su lugarteniente—. Realicemos (15) un barrido virtual antes de proceder». Pero con el equipo de vigilancia no encontraron (16) nada. Los quejidos cesaron (17), y tras una hora de espera, NASA dio (18) el visto bueno para proceder. Cuando llegaron (19) a la diminuta cocineta de la estación, vieron (20) una alacena ligeramente entreabierta. Por el resquicio se asomó (21) un solo dedo larguísimo. Al parecer, se había presentado (22) ante los terrícolas el primer polizón extraterrestre. Después, a señas, este les narraría (23) de qué manera se había perdido (24) la nave espacial en que viajaba (25) con sus compañeros, todos los cuales se perdieron (26) trágicamente. En esta historia ultrasecreta, se basaría (27) Steven Spielberg unos tres años después para elaborar el guion original de su película E.T. *El cineasta tuvo que decidir (28) entre cambiar el argumento o vivir el resto de sus días en una cárcel dentro de la estación espacial.*

Ejercicio 2-C

El dinero no siempre compra felicidad

Prenderás (1) el motor de tu flamante Mustang descapotable. Te llenarán (2) de emoción su potencia y gracia cuando se revolucione (3) con un leve toque de tu pie sobre el acelerador. Abrirás (4) la puerta eléctrica del garaje de tu residencia en Las Lomas. Tu corazón palpitará (5) y sentirás (6) un exquisito cosquilleo en los brazos y manos al tocar la palanca de velocidades antes de emprender tu primer viaje por la gran ciudad. Poco te durará (7) la dicha. A 20 metros de tu casa te detendrás (8) detrás de un enorme camión de volteo. No habrá (9) escapatoria hasta el tercer cambio de semáforo, cuando podrás avanzar (10) unos 10 metros antes de quedarte detenido entre un vochito modelo 73 y un ciclista que te sonreirá (11) amablemente antes de seguir adelante, con precaución, entre los dos carriles atestados. Pronto lo perderás (12) de vista. Llegarás (13), media hora después, al cruce con el Periférico, 400 metros distante de tu casa. En ese momento te llenarás (14) de terror al escuchar el primer trueno seguido de un relámpago que por poco te dejará [15] ciego, pero del coraje porque se producirá [16] un corto en el sistema eléctrico, el cual no permitirá [17] que subas [18] la capota de tu hermoso automóvil que pronto se convertirá [19] en una tina apenas ambulante. Desesperado, con la idea de enfilarte hacia el suroeste, te subirás [20] al camellón que divide [21] los dos sentidos de la avenida. Cuando de nuevo sientas [22] un asomo de alegría, escucharás [23] el inconfundible ulular de una patrulla, seguido de una grúa hambrienta de pasaje. «Es [24] una multa de 500 salarios mínimos, joven», —te espetará [25] con toda calma el oficial. Como no traerás [26] efectivo, sino puras tarjetas oro y platino, no te quedará [27] otra más que entregar tu semental de 435 caballos de fuerza. Llorarás [28] desconsolado al verlo partir chorreando agua por las puertas, como si él también sufriera [29]. Tardarás [30] exactamente ocho minutos para regresar a pie a tu casa, bañarte y pensar en volver a salir a encontrar un cajero automático, sacar efectivo y trasladarte al corralón. Sentirás [31] felicidad de nuevo conforme te acerques [32] al lugar donde tienen [33] secuestrado al objeto de tu deseo. Pero, ¿cómo te lo podré decir [34]? Al llegar y presentar los documentos que acreditarán [35] tu identidad como dueño de un Mustang descapotable, te dirán [36]: «¿Qué cree [37], don? Nos acaban de asaltar [38] y se llevaron [39] su auto. ¿Por qué no mejor se compra [40] una bicicleta?».

Ejercicio 3-A, 3-B y 3-C
(Libre para los alumnos).

Índice

Primera parte: Estructura de la oración

Segunda parte: Puntuación